DEUTSCHE GESCHICHTE

Christa Pöppelmann

DEUTSCHE GESCHICHTE

— für Besserwisser —

GONDROM

Konzept und Producing: twinbooks, München
Redaktion: twinbooks, München (Birgit Adam, Julia Gschwilm)
Umschlaggestaltung: Dietmar Stammel
Umschlagillustration: Norbert Pautner, München
Umschlagfoto: Getty Images, München

011

ISBN 3-8112-2636-3

5 4 3 2 1

Inhalt

Vorwort

Die Völkerwanderung, Friedrich Barbarossa, der Dreißigjährige Krieg, die Aufklärung, das Kaiserreich, die beiden Weltkriege: Wir haben viele Schlagworte zu unserer Geschichte im Kopf und wissen oft auch die einen oder anderen Fakten. Manche von uns können sogar mit präzisen Jahreszahlen brillieren. Aber was steckt eigentlich hinter diesen Ereignissen? Wie entwickelten sie sich und wie stehen sie miteinander in Zusammenhang? Da wird unser Wissen meist sehr viel weniger präzise.

Dabei ist es oft am interessantesten zu sehen, wie sich die Dinge entwickelt haben, wie etwas wurde, wie es ist. Nicht immer sind es nur die offenkundigen Geschehnisse, die die Weichen für spätere Entwicklungen stellen, denn wie heute spielten sich auch früher die entscheidenden Dinge oft hinter verschlossenen Türen ab. Aber nicht nur die geschichtlichen Fakten haben unsere Kultur geprägt, sondern auch die Lehren, die daraus gezogen wurden – oder auch nicht –, und die Mythen, die daraus entstanden. Denn schon immer wurden geschichtliche Ereignisse verfälscht, im eigenen Sinne gedeutet und zurechtgebogen. »Geschichte, das ist die Lüge, auf die man sich geeinigt hat«, behauptete Napoleon sogar.

Gerade in der bewegten deutschen Geschichte wechselten Mythen und Interpretationen oft. Man braucht gar nicht viel von einem Ereignis zu wissen und hat doch eine gewisse – oft sehr emotional geprägte – Vorstellung von »den Germanen«, »dem Heiligen Römischen Reich Deutscher Nation« oder »der Weimarer Republik«. Gerade was früher einmal in den Himmel gehoben wurde, wird später oft verteufelt. Dabei sind die Fakten meist viel spannender. Wie jede Geschichte ist auch die deutsche ein Kaleidoskop aus großen Taten und spektakulären Erfolgen, aus Dummheit und Gewalt, aber auch aus weitsichtigen Entscheidungen und menschlicher Größe, aus tragischen Zufällen und unverdientem Glück.

Die Anfänge – Zeitalter der Clans und Stämme

Viele Darstellungen der deutschen Geschichte beginnen mit den Germanen. Dahinter steckt eine bestimmte Denkweise. Sie geht davon aus, dass kulturelle Identität vor allem unter Blutsverwandten weitergegeben wird, und sie setzt eine sprachliche Kontinuität mit einer genetischen gleich. Beides sind Annahmen, die sich so nicht halten lassen.

Wenn man sich dagegen nicht die Geschichte des deutschen Volkes, sondern die des deutschen Siedlungsgebietes im Zentrum Europas ansieht, dann entdeckt man, dass sich viele entscheidende Dinge in der deutschen Geschichte bereits ereignet hatten, bevor die Germanen zum ersten Mal auftauchten.

Gerade zu Beginn der Geschichte – und das gilt auch noch für die Zeit der Germanen – gab es kein Nationalbewusstsein. Die Gesellschaft war anfangs in Familienclans und später in größeren Stämmen organisiert. Doch diese Strukturen waren keineswegs nach außen abgeschlossen und so sorgte die Berührung mit dem mehr oder weniger Fremden immer wieder für entscheidende Entwicklungsimpulse. Deshalb lohnt es sich, einen Blick auf die Anfänge der deutschen Geschichte zu werfen.

Anpassung ist gefragt – Die Jägerhorden der Frühgeschichte

Wann haben eigentlich die ersten Menschen in dem Gebiet gelebt, das wir heute Deutschland nennen? So genau kann das die Wissenschaft nicht sagen. Dazu sind die Funde aus der Frühgeschichte zu spärlich. Doch es muss mindestens 600 000 Jahre her sein, dass sich Urmenschen in das Gebiet nördlich der Alpen wagten. Damals herrschten dort günstige Bedingungen: Die Winter in Mitteleuropa waren viel milder als heute, das Land mit Wald bedeckt, der von großen Grasflächen durchzogen war. Vermutlich lässt sich das Klima in etwa mit dem des heutigen Südosteuropa vergleichen.

Harte Zeiten

Doch 100 000 Jahre später setzt die Elster-Mindel-Eiszeit ein. Fehlende Funde sprechen dafür, dass die Menschen von den unwirtlichen Bedingungen genug hatten und sich wieder nach Süden zurückzogen. Erst um 400 000 v. Chr., als es wieder wärmer wurde, kamen neue Stämme nach Mitteleuropa. Sie gehörten zum Typ des »Homo heidelbergensis«.

Von der nächsten Eiszeit, die etwa um 225 000 v. Chr. einsetzt, lassen sich die Menschen nicht mehr verjagen. Sie haben sich inzwischen zum Neandertaler entwickelt, dem ersten Vertreter der Gattung »Homo sapiens«. Er kann nicht nur planmäßig Handlungen verrichten und mit Werkzeug umgehen, sondern ist auch fähig, sich Gedanken über seine eigene Existenz zu machen. Das beweisen erste Schmuckstücke und Kunstwer-

FÜR BESSERWISSER

Der Heidelberg-Mensch

Der »Homo heidelbergensis« ist nach einem Unterkiefer benannt, der 1908 bei Heidelberg gefunden wurde. Der Mensch, dem dieser Knochen gehörte, ist der erste greifbare Siedler auf deutschem Boden. Für die Zeit davor zeugen nur bearbeitete Steine von menschlicher Anwesenheit.

ke, aber auch Bestattungsriten, die ein religiöses Bewusstsein verraten.

Der schlaue »Homo sapiens sapiens«, von dem die heutigen Menschen abstammen, taucht vor 90 000 Jahren in Nordafrika und im Vorderen Orient auf. In Europa ist der älteste Vertreter der Cro-Magnon-Mensch, der vor 40 000 Jahren vor allem zwischen Nordspanien und Mittelfrankreich, aber auch in Südwestdeutschland lebte. Der Neandertaler dagegen, so glaubte man lange Zeit, wäre ausgestorben. Heute nimmt man an, dass sich auch der Neandertaler in Richtung »Homo sapiens sapiens« weiterentwickelte und mit den Neuankömmlingen vermischte. Denn auch wenn die Cro-Magnon-Menschen geistig überlegen waren, erscheint es unwahrscheinlich, dass sie ohne intensiven Kontakt mit dem Neandertaler dessen Spezialwissen über den Lebensraum in Mitteleuropa einfach übernehmen konnten.

Die Kunst der Steinzeit

Während der Spätzeit des Neandertalers setzt in Europa eine rasante Entwicklung der handwerklichen und künstlerischen Fähigkeiten ein. Die Epoche des »Aurignacien« (um 45 000–35 000 v. Chr.)

➤ Das Klima der Frühgeschichte

Die Menschen in Mitteleuropa werden von drei Eiszeiten heimgesucht, während derer die nordostdeutsche Ebene und das Alpenvorland von Gletschern bedeckt sind. Westlich der Elbe dagegen bleibt das Land bis an die Küsten eisfrei.

- um 520 000–400 000 v. Chr.: Elster-Mindel-Eiszeit
- um 225 000–145 000 v. Chr.: Saale-Riss-Eiszeit
- um 90 000–15 000 v. Chr.: Weichsel-Würm-Eiszeit

Die Namen beziehen sich auf die größte geographische Ausbreitung der Eiszeiten. Im Norden reichte das Eis bis an die Flüsse Elster und Saale in Sachsen beziehungsweise bis an die polnische Weichsel, im Süden bis an die schwäbischen Donauzuflüsse Mindel und Riss beziehungsweise die Würm im bayerischen Voralpenland.

Die Menschen der Frühgeschichte wohnten nicht etwa in Höhlen, sondern in Zelten oder Hütten

zeichnet sich durch erste Gravierungen, Skulpturen und Reliefs aus. Meistens werden Tiere dargestellt, aber auch Mischwesen und weibliche Geschlechtsorgane. Ihren Höhepunkt erreicht die steinzeitliche Kunst in Mitteleuropa mit dem »Magdalénien« am Ende der letzten Eiszeit. Zu diesem Stil gehören die großartigen Höhlenbilder von Lascaux (um 15 000 v. Chr.) in Frankreich und Altamira (um 12 000 v. Chr.) in Nordspanien. Einwanderer tragen den Stil vom Westen bis in die osteuropäischen Steppen. Einer der bedeutendsten deutschen Funde ist ein Hüttenlager in Gönnersdorf am Rhein mit zahlreichen Tierdarstellungen.

Ab etwa 13 000 v. Chr. werden die Wälder dichter und 3000 Jahre später sind die Rentierjäger ganz aus Mitteleuropa verschwunden. Die Menschen müssen sich auf ein völlig neues Leben einstellen und beziehen ihre Nahrung vermehrt aus dem Wasser. Aus dieser Zeit gibt es fast keine Kunstwerke.

FÜR BESSERWISSER

Wie die Indianer

Höhlenmenschen gab es nicht. Die Jäger und Sammler der Frühgeschichte lebten in Zelten und Hütten, die sie dort errichteten, wo sie genügend Beutetiere fanden. Vor allem in den Kaltzeiten zogen sie im Sommer mit den Rentieren nach Norden an den Rand der Gletscher und im Winter wieder gen Süden. Ihre Lebensweise, ihre Behausungen und ihre Kleidung waren denen der nordamerikanischen Indianer gar nicht so unähnlich. Sie hatten Hunde als Haustiere; Pferde dagegen kannten sie nur als Jagdbeute. Die Höhlen, in denen die Urmenschen ihre prächtigen Malereien hinterließen, waren dagegen Kult- und Versammlungsräume.

Getreide und Geräte aus dem Osten – der Beginn der Sesshaftigkeit

Rückblickend erscheint das Leben eines sesshaften Ackerbauern und Viehzüchters viel fortschrittlicher als das eines Sammlers und Jägers. Für die Menschen der Frühgeschichte lag das keineswegs auf der Hand. Sie nahmen die Mühe, Tiere zu züchten und Pflanzen anzubauen, erst auf sich, als sich ernsthafte Versorgungsengpässe abzeichneten. Dieser Prozess beginnt um 12 000 v. Chr. im Nahen Osten, wo die klimatischen Veränderungen nach der letzten Eiszeit die fruchtbaren Gebiete schrumpfen lassen. Von dort gelangt das landwirtschaftliche Know-how über Anatolien und die Donau nach Mitteleuropa.

Der Segen der Pflugkultur

Die ersten sesshaften Bauern in Deutschland leben zu Beginn des 6. Jahrtausends v. Chr. und gehören zur Bandkeramik-Kultur. Diese erstreckt sich vom ungarischen Donau-Theiss-Tiefland bis zum Rhein und im Norden etwa bis auf die Höhe von Magdeburg. Die Machart von Keramiken und Werkzeugen ist neben den unterschiedlichen Bestattungsriten die einzige Möglichkeit, Kulturen der Frühgeschichte zu unterscheiden. Ob Kunststil und landwirtschaftliche Fertigkeiten über Handelskontakte weitergegeben wurden oder über Einwanderer aus dem Osten, weiß man nicht. Vermutlich gab es beides.

Jedenfalls hatten die europäischen Bauern die besten landwirtschaftlichen Entwicklungshelfer, die man sich nur wünschen konnte. Denn die Menschen des Nahen Ostens waren nicht nur die ersten Landwirte, sie entwickelten auch so komplexe Fertigkeiten, wie sie nirgendwo anders entstanden. Die Verbindung von Ackerbau und Viehzucht zum Beispiel war keineswegs selbstverständlich. In China und Indien pflügte man zwar mit Rindern, nutzte aber weder deren Milch noch Fleisch. In Afrika züchtete man Tiere für die Ernährung,

FÜR BESSERWISSER

Die Milch macht's

In einem scheinen die Europäer ihre Lehrer übertroffen zu haben: Tonsiebe lassen darauf schließen, dass sie schon im 6. Jahrtausend v. Chr. Käse herstellten, während man im Nahen Osten wohl erst 2 000 Jahre später Milchwirtschaft betrieb. Allerdings sind die Menschen in den sonnenarmen nördlicheren Gegenden auch stärker auf das Vitamin D in den Milchprodukten angewiesen. Noch heute vertragen viele erwachsene Afrikaner und Asiaten keine Milch. Die Forscher gehen davon aus, dass sich die Milchtoleranz der Europäer – genauso wie die helle Hautfarbe – erst langsam mit ihrer Ausbreitung nach Norden durchsetzte. Beide Mutationen kompensieren die Tatsache, dass der Organismus dort aufgrund der geringeren Sonneneinstrahlung weniger Vitamin D bilden kann.

hackte die Äcker aber mit der Hand. Ein solcher Hackfeldbau jedoch hätte in den kurzen europäischen Vegetationsperioden das Überleben nicht gesichert. Außerdem gelangten über die Achse Anatolien–Donau vom 6. bis zum 3. Jahrtausend v. Chr. viele durch Zucht veredelte Pflanzen wie Weizen, Gerste und Hafer, domestizierte Tiere wie Schafe und Ziegen und schließlich sogar solch bahnbrechende Erfindungen wie Pflug, Joch, Rad und Wagen in den deutschen Siedlungsraum – Dinge, die in anderen Gegenden der Erde erst in der Neuzeit bekannt wurden.

Die ersten mitteleuropäischen Bauern siedeln sich dort an, wo es fruchtbare Lössböden und Ulmenmischwälder für die Waldweide der Tiere gibt, später lernen sie, auch mit schwierigeren Verhältnissen fertig zu werden. »Ötzi« zum Beispiel lebte in der zweiten Hälfte des 4. Jahrtausends v. Chr. in den Sommermonaten vermutlich als Viehhirte im Hochgebirge.

Gleich große Häuser und ähnlich ausgestattete Gräber zeigen, dass es zu dieser Zeit noch keine gesellschaftlichen Unterschiede gab. Auch Frauen und Kinder erhielten ebenso reiche Grabbeigaben wie die Männer. Im religiösen Denken schienen die Muttergottheiten zu dominieren.

Große Steine im Norden

Die deutschen Mittelgebirge stellen eine natürliche Barriere dar und werden nur sehr langsam besiedelt. Die Menschen in Norddeutschland lernen die Landwirtschaft erst um

4 000 v. Chr. zusammen mit der Megalithkultur kennen. Diese breitet sich ab 4 500 v. Chr. von den Küsten des Mittelmeers her aus und umfasst bis 2 500 v. Chr. die Iberische Halbinsel, Frankreich, die Beneluxländer, die Britischen Inseln, Südskandinavien und die norddeutsche Tiefebene bis zur Oder.

Sie hat ihren Namen (griechisch: megas = groß, lithos = Stein) von Bauten wie Stonehenge in England, Carnac in der Bretagne oder den Tempeln auf Malta. In Deutschland entstehen vor allem große Dolmengräber, von denen allerdings tausende im 19. Jahrhundert zerstört wurden.

Megalithbauten dieser Art entstanden 4500–2500 v. Chr. und finden sich in weiten Teilen Europas

Weiterhin charakteristisch für die norddeutschen Bauern sind ab dem 4. Jahrtausend v. Chr. trichterförmige Becher.

➤ Bauerngesellschaft versus Hochkultur

Warum entwickelte sich in Europa keine Hochkultur wie im Nahen Osten? Die Antwort ist im Grunde einfach. Es bestand keine Notwendigkeit dazu. Das Leben der europäischen Bauernsippen mag hart gewesen sein, aber sie kamen zurecht. Sie mussten weder ihre Autonomie aufgeben noch riskante Großprojekte beginnen. Genau dazu aber waren die Menschen in Ägypten und Mesopotamien gezwungen. Weil alles fruchtbare Land in den Überschwemmungsgebieten der großen Flüsse lag, waren gemeinsame Wasserbaumaßnahmen notwendig. Das zog eine straffe Organisation der Gesellschaft mit einer hierarchischen Ordnung nach sich, eine ausgeprägte Spezialisierung der Berufe, die Entwicklung von Städten und viel technischem und kulturellem Fortschritt – aber auch eine Großmachtpolitik der Herrscher auf dem Rücken der einfachen Bevölkerung.

Die Fürsten werden reich – die Metallzeit

Um 1800 v. Chr. tauchen wieder neue Keramikwaren in deutschen Gefilden auf: die Glockenbecher. Diesmal sind sich die Wissenschaftler ziemlich sicher, dass dahinter nur eine Modewelle steckt. Doch mit der Becherform wird noch etwas viel Interessanteres weitergegeben: das erste Metall. Die technische Revolution stammt aus dem Nahen Osten und gelangt über das Mittelmeer, Spanien und Frankreich nach Mitteleuropa.

Bronzezeit

Die Bronzezeit beginnt in Vorderasien um 2500 v. Chr. Doch in den hoch entwickelten Stadtstaaten Mesopotamiens bedeutet die technische Neuerung keine solche gesellschaftliche Umwälzung wie in den bäuerlichen Gesellschaften Mitteleuropas.

Bronze ist eine Legierung aus Kupfer und Zinn. Kupfererze können die Kelten und Illyrer im Harz, im Erz- und Riesengebirge, im Schwarzwald und in den Alpen selbst gewinnen. Zinn jedoch müssen sie eintauschen. Zwar gab es auch vorher schon einen begrenzten Handel, vor allem mit Feuerstein, doch mit der Bronze findet Europa Anschluss an den hoch entwickelten Wirtschaftsraum »Mittelmeer–Vorderasien«. Entwicklungen und Produkte von dort kommen jetzt nicht mehr langsam und eher per Zufall nach Norden, sondern im direkten Austausch gegen andere Wirtschaftsgüter. Doch sowohl der Bergbau als auch die Herstellung von attraktiven Handelswaren erfordern eine spezialisierte und straff organisierte Gesellschaft. Erste Fürstengräber, zum Beispiel in Leubingen im Erzgebirge, zeigen, dass sich »Unternehmer« fanden, die die Zeichen der Zeit erkannten und reich wurden.

Diese Umwälzungen betreffen zunächst vor allem den Süden und die Mitte Deutschlands. Die germanischen Stämme sind allein durch ihre Randlage an der Nord- und Ostseeküste benachteiligt. Doch auch sie tauschen für den begehrten Bernstein Bronze ein – zuerst fertige Waren, später nur noch die Rohmaterialien. Auch bei ihnen spezialisieren sich Handwerker auf die Herstellung von Werkzeugen, Waffen und kunstvollem Schmuck, der die Forscher in späterer Zeit in Erstaunen versetzen wird.

Der Bergbau und die Entwicklung neuer Technologien in der Eisenherstellung bringt den deutschen Stämmen einen Aufschwung in Landwirtschaft, Handwerk und Kunst

Aufschwung mit dem Bergbau

Bis etwa 800 v. Chr. muss man Mitteleuropa als eine Art Entwicklungsland ansehen, das alle wichtigen Neuerungen von außen übernimmt. Das ändert sich jedoch mit dem Eisen. Zwar haben die deutschen Stämme die Eisenherstellung nicht erfunden, aber sie verfügen über große Erzvorkommen. Außerdem gewinnen sie über ihre bergmännischen Kenntnisse noch ein zweites sehr begehrtes Handelsgut: das Salz.

Vor allem die Fürsten der Hallstattkultur werden durch die Kontrolle über Erz- und Salzbergwerke sowie den Handel ungeheuer reich. In ihren Gräbern, zum Beispiel in Hochdorf bei Stuttgart, findet sich viel teure Importware aus Italien und Griechenland. Die sozialen Unterschiede werden immer größer. Ob in den Bergwerken allerdings Sklaven oder bloße »Untertanen« schuften mussten, weiß man heute nicht genau.

Doch die deutschen Stämme beschränken sich nicht auf den Handel mit Rohstoffen, sondern ent-

FÜR BESSERWISSER

Das weiße Gold

Salz war in der Frühgeschichte fast so kostbar wie Gold, da es zum Konservieren von Fisch und Fleisch gebraucht wurde. Städte wie Halle, Bad Reichenhall, Hallstatt oder Hallein haben ihren Namen vom Salzhandel. In Hallstatt reichten die Grubenschächte der ersten Salzbergwerke bis zu 330 Meter in den Berg.

wickeln auch neue Technologien in der Eisenproduktion. Die dadurch verbesserten Waffen geben ihnen einen Vorteil bei kriegerischen Auseinandersetzungen. Werkzeuge und Pflugscharen sorgen für einen Schub in der Landwirtschaft, im Handwerk und auch in der Kunst.

Um 450 v. Chr. entwickeln die Kelten einen Kunststil, der nach einem Fundort in der Schweiz »La Tène« heißt. In dieser Zeit breitet sich die keltische Kultur in ganz Frankreich, in Westspanien, auf den Britischen Inseln und entlang der Donau bis zum Schwarzen Meer aus. Der Stamm der Galater lässt sich sogar im Zentrum Anatoliens nieder. Gleichzeitig werden die Kelten jedoch aus ihren traditionellen Siedlungsgebieten in Deutschland verdrängt. Die germanische Kultur breitet sich im Süden bis zur Donau aus, im Westen in den heutigen Beneluxländern und im Osten bis über die Weichsel hinaus. Die Illyrer müssen nach Süden ausweichen und lassen sich in Venetien und an der dalmatinischen Küste nieder. Der Grund für diese Wanderungen war wohl eine Klimaverschlechterung, die das Wetter ab etwa 800 v. Chr. an der Nord- und Ostseeküste ungemütlich kalt und nass werden ließ.

Am Ende dieser ersten germanischen Wanderung saßen die Sachsen in Schleswig-Holstein, die Burgunder rund um Frankfurt an der Oder, die Sueben (Schwaben) im Südharz und die Goten an der Weichsel. Nur die Friesen siedelten in etwa dort, wo sie heute noch sind.

➤ Die Reiter kommen

Pferde spielen bei den Germanen und Kelten zwar eine große Rolle, aber nur als Zugtiere. Die ersten Reiter sind die Kimmerier und Skythen, zwei indoeuropäische Völker aus dem Schwarzmeergebiet. Sie unternehmen zwischen dem 8. und dem 6. Jahrhundert v. Chr. Feldzüge nach Westen und stoßen bis in die Lausitz und nach Ostbayern vor. Welche Verwüstungen sie anrichteten, ist nicht bekannt, wohl aber, dass die Kelten und Germanen von ihnen das Reiten und die Hosen übernahmen. Vorher trugen sie vermutlich Leggings und Schurze wie die Indianer.

Kampf gegen Rom – die Germanen und das Weltreich

387 v. Chr. ziehen einige keltische Stämme von Frankreich nach Italien und erobern Rom. Mit einem reichen Lösegeld jedoch lassen sie sich zum Rückzug bewegen. Als über 250 Jahre später die Stämme der Kimbern und Teutonen in Italien auftauchen, meinen die Römer zuerst, die schrecklichen Feinde von damals wären wiedergekommen. Ob die »Barbaren aus dem Norden« keltisch oder germanisch sprechen, ist den Römern letztendlich egal. Die Angreifer machen ihnen Angst, vor allem weil ihr Verhalten sowohl für Politiker als auch für Militärs vollkommen unberechenbar ist. Doch das römische Imperium holt zum Gegenschlag aus.

Das freie Germanien

Um Christi Geburt wird das keltische Europa römische Provinz. Der Verdienst kommt vor allem Julius Cäsar zu, der zwischen 58 und 51 v. Chr. Gallien erobert, das heißt Frankreich, die Beneluxländer und die Schweiz. Das Land zwischen Alpen und Donau bringen der spätere Kaiser Tiberius und sein Bruder

➤ Der Zug der Kimbern und Teutonen

Die Kimbern und Teutonen verlassen Nordjütland wegen einer Sturmflut und suchen im Süden neues Siedlungsgebiet, das ihnen aber weder die germanischen noch die keltischen Stämme überlassen wollen. Schließlich landen sie 113 v. Chr. in Kärnten und wollen dort mit den Römern verhandeln, werden aber in einen Hinterhalt gelockt. Das römische Kalkül geht jedoch nicht auf. Zwei Legionen werden besiegt und es folgt ein jahrelanges Katz- und Mausspiel in der Schweiz, in Südfrankreich, in Nordspanien und schließlich sogar in Oberitalien, bevor die Teutonen 102 v. Chr. bei Aix-en-Provence geschlagen werden, die Kimbern ein Jahr später im oberitalienischen Vercelli.

Die Germanen lebten in einzelnen autonomen Stämmen und Familienclans

Drusus 15 v. Chr. unter römische Kontrolle. Westlich des Rheins und südlich der Donau die besiegten Kelten, jenseits davon das freie Germanien – so sieht die Landkarte der Zeitenwende aus. Das ist zwar etwas vereinfacht, weil es im heutigen Belgien unterworfene Germanen gab und entlang von Rhein und Donau eine germanisch-keltische Mischbevölkerung wie zum Beispiel die Boiern (Bayern), doch der germanischen Sonderrolle tut das keinen Abbruch.

Dabei sind sich Kelten und Germanen eigentlich sehr ähnlich. Beide Völker haben groß gewachsene, gut bewaffnete Kämpfer, die die römischen Truppen durch ihren blindwütigen, undisziplinierten Kampfstil in Angst und Schrecken versetzen. Beide haben das Problem, dass die einzelnen Stämme autonome Gebilde sind, die sich nur schwer zu kurzfristigen Bündnissen zusammenfinden. Cäsar kann einen keltischen Häuptling nach dem anderen besiegen, unterstützt von germanischen Bündnistruppen. Bei den Germanen ist die Stellung der Stammesführer sogar noch schwächer und die Autonomie der Familienclans größer. Stammesangelegenheiten wie

Krieg oder Frieden werden im Thing entschieden, der auch den König wählt. Dessen Autorität gilt allerdings nur im religiösen Kult, während Kriege und Beutezüge von Herzögen geführt werden. Diese erlangen ihre Autorität lediglich dadurch, dass sie eine ausreichende Gefolgschaft sammeln können – und dann Erfolg haben. Erst Arminius und Marobod versuchen schließlich, Stammes- und Kriegsführung zu vereinen und sich dadurch auch dauerhafte Macht zu sichern.

FÜR BESSERWISSER

Volk der Schmiede

Dank höherer Schmelztemperaturen stellen die Germanen noch härteres Eisen her als die Kelten. Lediglich die Stahlkocher im fernen China sind ihnen zu damaliger Zeit technisch überlegen, aber das weiß im Westen niemand. Der Beruf des Schmiedes ist bei den Germanen sehr angesehen. In einem ihrer Mythen schmiedet Wieland, der Schmied, für Dietrich von Bern ein Schwert aus Eisenspänen, die er vorher Gänsen zu fressen gab. Im 20. Jahrhundert stellt man fest, dass der Stickstoff im Gänsekot Eisen tatsächlich härter macht.

Zurückhaltende Römer

Sicherlich leisten die germanischen Stämme den militärisch überlegenen römischen Legionen tapfer Widerstand, doch sie haben dabei auch das Glück auf ihrer Seite. Mit dem überwältigenden Sieg in der Schlacht im Teutoburger Wald erschüttern sie das Römische Reich psychologisch schwerwiegend. Während die Kelten mit Cäsar noch einen militärisch genialen und überaus ehrgeizigen Gegner hatten, der die Eroberungen als Baustein für seine Karriere in Rom brauchte, sehen die römischen Kaiser im 1. Jahrhundert n. Chr. keinen Sinn darin, eine erneute schwere Schlappe zu riskieren, nur um einen Haufen Wälder mit unberechenbaren Wilden darin zu erobern. Lediglich Vespasian (Regierungszeit 69–79 n. Chr.) und sein Sohn Domitian erobern den Taunus, die Wetterau und vor allem große Teile Baden-Württembergs, um eine bessere Verteidigungslinie aufbauen zu können. Danach arbeiten die römischen Kaiser eigentlich nur noch am Ausbau des Limes, der Grenzbefestigung zwischen ihren Provinzen und Germanien.

Der Segen der Zivilisation

Die Eroberungen des Römischen Reiches lassen sich durchaus mit dem Imperialismus der Neuzeit vergleichen. Selbstverständlich beuteten die Römer die eroberten Provinzen wirtschaftlich aus und versklavten einen Teil der Bevölkerung. Andererseits brachten sie technischen, wirtschaftlichen und kulturellen Fortschritt in die Provinzen, und die Oberschicht, die mit Rom kooperierte, zog große Vorteile daraus. Selbst das Leben der einfachen Menschen musste nicht unbedingt schlechter werden. Die Versorgung mit dem Lebensnotwendigen war besser organisiert und die Arbeit in einem römischen Bergwerk wahrscheinlich genauso elend wie in einem der Hallstattfürsten.

Im Großen und Ganzen kann man sagen, dass sich die Kelten mit der römischen Besatzung arrangierten und das Beste daraus machten – vielleicht ähnlich, wie sich einige hundert Jahre zuvor die europäischen Völker mit der keltischen Ausbreitung arrangiert hatten.

Am Rhein und an der Donau entstehen aus römischen Militärlagern die ersten Städte: Passau, Regensburg, Augsburg, Kempten, Baden-Baden, Speyer, Worms, Trier, Mainz, Koblenz, Xanten, Neuss, Bonn und Köln. Vor allem Köln ist in den ersten Jahrhunderten n. Chr. ein blühender Wirtschaftsstandort und ein Zentrum der Glasindustrie – in dem nicht nur viel produziert wird, sondern dessen Waren auch von hoher Qualität sind.

Doch auch das freie Germanien ist von dieser Entwicklung nicht abgeschnitten. Die römische Regierung geht mehr und mehr dazu über, mit einzelnen Stämmen Bündnisverträge zu schließen, die sich vor allem für die Oberschicht auszahlen. Rom sichert sich dadurch nicht nur stabile Verhältnisse an der Grenze, sondern auch neue Absatzmärkte für seine zahlreichen Produkte.

FÜR BESSERWISSER

Gallier und Germanen

Die Sammelbegriffe »Gallier« und »Germanen« brachten die Römer auf, von den beiden Völkern selbst wurden sie nicht verwendet. Mit »Germanen« hatten ursprünglich die Kelten den germanischen Stamm der Tungrer bezeichnet.

Arminius

Arminius verhinderte, dass Germanien römische Provinz wurde

Kaiser Augustus will auch Germanien zur römischen Provinz machen – schon allein deshalb weil immer wieder germanische Stämme Raubzüge jenseits von Rhein und Donau unternehmen. Daher schickt er Drusus direkt nach der Eroberung des Alpenraums weiter nach Germanien. Der Lieblingssohn des Kaisers besiegt mehrere Stämme, gewinnt durch milde Friedensbedingungen Verbündete und stößt 9 v. Chr. an die Elbe vor. Doch dann zieht er sich bei einem Sturz vom Pferd tödliche Verletzungen zu. Sein Bruder Tiberius macht dort weiter, wo Drusus aufgehört hat. Doch gerade als die große Schlussoffensive gegen den letzten starken Feind, Markomannenkönig Marobod – einen früheren Verbündeten Roms –, begonnen hatte, zwingt ein Volksaufstand auf dem Balkan die römischen Truppen zum Rückzug. Marobod hat jedoch kein Interesse, die Situation militärisch zu nutzen und schließt Frieden mit Rom.

Damit hätte Germanien eigentlich zu einer friedlichen Provinz werden können, denn auch die anderen Stammesführer sehen durchaus die Vorteile einer Kooperation. So unterwarfen sich die Cherusker im Jahr 4 oder 5 freiwillig und der Häuptlingssohn Arminius zeichnet sich als Befehlshaber germanischer Hilfstruppen in der römischen Armee aus – unter anderem bei der Niederschlagung des Balkanaufstands.

Die Historiker streiten sich, ob Augustus mit Publius Quinctilius Varus einen gierigen Trottel zum Statthalter Germaniens machte oder ob die ganze Führungsriege Roms die Situation falsch einschätzte. Denn die germanischen Führer sind zwar zu Bündnissen bereit, doch Tributzahlungen sind für sie gleichbedeutend mit Sklaverei. Varus aber macht sich daran, Germanien wie jede andere Provinz durch diverse Steuern zu melken, und führt Strafen wie öffentliche Auspeitschungen ein, die

und die Schlacht im Teutoburger Wald

völlig unvereinbar mit dem germanischen Rechtsempfinden sind.

Arminius will dieses Regiment nicht einfach so hinnehmen, denn er sieht dadurch seine Stellung bei den Germanen gefährdet. Deshalb schmiedet er im Stillen ein Bündnis von zwölf Stämmen. Im Herbst des Jahres 9 lockt er Varus und drei Legionen mit der fingierten Nachricht von einem Aufstand in den sumpfigen, unwegsamen Teutoburger Wald und reibt dort in mehrtägigem Kampf die gesamte Armee auf. Vermutlich kommen 30 000 Legionäre ums Leben. Nur die Reiterei kann fliehen.

Natürlich reagiert Rom mit Strafexpeditionen. Man ist jedoch geschockt und wagt daher keine großen Gefechte, sondern betreibt eine Politik der verbrannten Erde. Drusus' Sohn Germanicus metzelt eine Gruppe betrunkener Marser nach einem Opferfest nieder und nimmt Arminius' schwangere Frau Thusnelda gefangen, die von ihrem eigenen Vater verraten worden ist. Wahrscheinlich waren es letztlich diese beiden ehrlosen »Neidingstaten«, die die germanischen Stämme zusammenschweißten. Im Krieg gegen Germanicus zeigt Arminius im Grunde mehr von seinem militärischem Talent als bei dem Hinterhalt gegen Varus, der ihm vollkommen vertraut hatte. Schließlich sieht Kaiser Tiberius ein, dass Kosten und Nutzen dieses Kriegs in keinerlei Verhältnis stehen. Um das Gesicht zu wahren, organisiert er einen Triumphzug für seinen Neffen und schließt dann mit dem Kapitel Germanien ab.

Rückblickend verhinderte Arminius tatsächlich, dass Germanien römische Provinz wurde. Ihm selbst aber ging es vermutlich vor allem um die eigene Machtposition. Im Jahr 17 greift er seinen Dauerrivalen Marobod an und besiegt ihn. Zwar bat der noch die Römer um Hilfe, doch diese haben endgültig genug von Germanien. Doch auch die Germanen stehen allzu mächtigen Führungsgestalten noch misstrauisch gegenüber und so wird Arminius zwischen 19 und 21 im Alter von 37 Jahren von seinen eigenen Verwandten umgebracht.

Die Germanen entdecken Europa – die Völkerwanderung

Auch wenn die Germanen seit Jahrtausenden sesshaft sind – immer wieder packen einzelne Stämme ihre gesamte Habe auf Wagen und ziehen mit Kind und Kegel um. Der Zug der Kimbern und Teutonen ist nichts anderes als der gescheiterte Versuch, eine neue Heimat zu finden – friedlich, wenn möglich, notfalls aber auch mit Gewalt. Man flieht vor Naturkatastrophen, den harten Lebensbedingungen im kalten, nassen Norden, aber auch vor zu stark gewordenen Nachbarn. Doch langsam wird das Land in Europa knapp und die Wanderung eines Stammes erfasst immer auch mehrere andere.

Die Unruhen beginnen

Im Jahr 166 wird das Römische Reich plötzlich durch den Einfall germanischer Krieger in der Gegend um Wien erschüttert. Es sind Langobarden und Markomannen, Stämme aus Böhmen, die sich vermutlich auf der Flucht vor den Vandalen befanden, die wiederum den Goten ausgewichen waren. Diese hatten nämlich um 150 den Weichselraum verlassen und waren nach Süden in das heutige Rumänien und an die ukrainische Schwarzmeerküste gezogen.

Der Hunnenkönig Attila konnte weite Teile Europas unter seine Herrschaft bringen

Die Markomannenkriege dauern 14 Jahre und verlaufen äußerst blutig. Danach hat das Römische Reich fast ständig mit gotischen Raubzügen im Donaugebiet und in Kleinasien zu kämpfen. Nicht anders sieht es am Rhein aus. Immer wieder überwinden dort gotische Stämme den Limes. Im Jahr 260 sind praktisch alle Kastelle erobert und die Römer überlassen das baden-württembergische Gebiet den Alemannen.

FÜR BESSERWISSER

Der Nibelungen Not

In den germanischen Mythen taucht Attila als König Etzel auf. Er heiratete tatsächlich eine Germanin namens Hildico, wie das Nibelungenlied erzählt. Auch einen Burgundenkönig namens Gunther gab es. Er fiel 435 in die römischen Provinz Belgica ein und wurde zwei Jahre später getötet, als der römische Stadthalter Aetius die Burgunden von hunnischen Verbündeten angreifen ließ. So werden die Burgunden aus Worms in die Gegend von Savoyen vertrieben.

Einfall der Hunnen

Ende des 4. Jahrhunderts tauchen dann die Hunnen in Osteuropa auf und lösen eine Panik aus. Das liegt nicht an ihrer Grausamkeit, denn Grausamkeit im Krieg ist auch in Europa normal. Doch die hunnischen Krieger können dank ihrer Steigbügel problemlos im Reiten kämpfen und sind zudem unglaublich gute Bogenschützen. Im Jahr 375 fallen sie am Schwarzen Meer mit einem blitzschnellen Pfeilhagel über die Ostgoten her. Ein Teil der Ostgoten unterwirft sich, ein anderer flieht in das westgotische Gebiet. Zusammen dringen die gotischen Stämme dann in die Balkanprovinzen ein und schließen ein Bündnis mit Rom. Vandalen und Langobarden dagegen fliehen nach Westen.

60 Jahre später haben die Hunnen Osteuropa bis etwa zur Linie Magdeburg–Regensburg erobert. Ihr König Attila (gotisch: Väterchen) hat alle anderen Stammesführer ausgeschaltet und die Germanen – soweit sie nicht geflohen sind – zu Vasallen gemacht. Das Römische Reich – seit 395 in Ostrom und Westrom geteilt – ist ihm tributpflichtig. Auch eine große Niederlage 451 auf den Katalaunischen Feldern in der Champagne bricht seine Macht nicht. Erst nach seinem Tod im Jahr 453

zerfällt sein Reich und binnen zehn Jahren sind die Hunnen aus Europa verschwunden.

Die neuen Reiche und das Ende Roms

Während der Völkerwanderungszeit entsteht in Italien ein Ostgotenreich, in Spanien ein Westgotenreich und in Nordafrika das Reich der Vandalen. Im ehemaligen Gallien beginnt sich das Fränkische Reich zu bilden. Burgund wird von den Burgunden erobert und England von den Angeln und Sachsen, die dabei vermutlich gegen den berühmten Keltenkönig Artus kämpfen.

Historiker schätzen die größten der wandernden Völker, die Ost- und die Westgoten, auf jeweils 120 000 bis 150 000 Menschen, davon etwa ein Fünftel Krieger. Wie konnten diese Italien oder Spanien erobern, wo mehrere Millionen Menschen lebten?

Der Erfolg der Germanen beruht auch auf der Schwäche des Weströmischen Reiches. Bereits seit dem 3. Jahrhundert kostet die Sicherung der Provinzen mehr, als diese an Ertrag bringen. Die eigene Schwäche versucht Rom mit wechselnden Bündnissen auszugleichen. Der römische Stadthalter Aetius zum Beispiel bedient sich der Hunnen im Kampf gegen die Germanen und umgekehrt. Germanische Stämme werden als Helfer gegen andere germanische Stämme angeworben. Grundsätzlich haben die Germanen damit kein Pro-

Das Grabmal des Gotenkönigs Theoderich des Großen in Ravenna zeugt von der einstigen Macht des Monarchen

blem, denn es geht ihnen in erster Linie um Land und auch den Militärdienst in der römischen Armee mit regelmäßigem Sold und der Aussicht auf Beute finden sie sehr attraktiv. Doch wenn der Erfolg ausbleibt oder Versprechungen nicht eingehalten werden, kündigen sie den römischen Heerführern sehr schnell die Gefolgschaft auf. So vernichten die Goten 378 bei Adrianopel (Edirne) Kaiser Valens samt 20 000 Soldaten, weil sie von seinen Heereslieferanten ausgenommen wurden.

Undurchsichtige Winkelzüge

Nach dem Tod von Kaiser Theodosius im Jahre 395, als in Ost- und Westrom meist eine undurchsichtige und intrigante Hof-Clique im Namen Minderjähriger regiert, nimmt die römische Politik oft geradezu groteske Züge an.

So macht Ostrom den Westgotenkönig Alarich, der vorher halb Griechenland plünderte, zum offiziellen Heermeister und schickt ihn gegen den mächtigen weströmischen Regenten Stilicho, einen Vandalen. Der kann Alarich zwar besiegen, versucht ihn jedoch dann als Helfer Westroms gegen einen Usurpator in Gallien anzuwerben. Am Hof wittert man eine germanische Verbrüderung, bringt Stilicho um und metzelt tausende von germanischen Söldnern nieder.

➤ Theoderich der Große

Theoderichs Herrschaft beginnt nicht gerade rühmlich, doch die 33 Jahre seiner Herrschaft bringen dem zerrütteten Italien Frieden und Stabilität. Theoderich lässt die zerstörte Infrastruktur reparieren und baut eine neue zentrale Verwaltung auf. Er duldet nicht nur die verschiedenen Religionen, sondern auch die unterschiedliche Rechtsprechung der Volksgruppen. Als erster germanischer König versucht er, durch Heiraten dauerhafte Bündnisse zwischen den Stämmen zu knüpfen. Obwohl sein Reich in Italien liegt, hat es großen Einfluss auf die Entwicklung in Deutschland. So sieht sich später zum Beispiel Karl der Große als Erbe Theoderichs. Doch nach Theoderichs Tod 526 zerstört der oströmische Kaiser Justinian im berühmten »Kampf um Rom« das Gotenreich.

Prompt fällt Alarich in Italien ein und erobert 410 – fast 800 Jahre nach den Kelten – die Stadt Rom. Als jedoch die Versorgung allmählich schwierig wird, lassen sich die Goten doch noch mit den Galliern ein. Dort aber bleiben versprochene Getreidelieferungen aus, und die hungernden Goten fallen in Spanien ein, wo mit den Vandalen – eigentlich – Bündnisgenossen Roms sitzen. Doch Kaiser Honorius schwenkt um und verspricht nun den Westgoten das Land, wenn sie die Vandalen besiegen. Diese werden nach Andalusien verdrängt, von wo aus sie weitgehend kampflos Nordafrika erobern und Beutezüge bis nach Rom unternehmen. 455 plündern sie zwei Wochen lang die »Ewige Stadt« – entgegen ihrem Ruf aber scheinen sie relativ wenig Gebäude niedergebrannt und auch kein größeres Blutbad angerichtet zu haben. 535 wird ihr Reich von Ostrom zerstört, während das der Westgoten bis zum Einfall der Araber 711 Bestand hat.

Auch die Ostgoten leben eine Zeit lang als Verbündete Roms im Donauraum. 461 kommt der achtjährige Königssohn Theoderich für zehn Jahre als Bürge für das Bündnis an den Hof von Konstantinopel. Danach wird er offizieller Heerführer Ostroms.

Doch unterdessen tut sich in Italien Weltbewegendes. Die germanischen Söldner rebellieren gegen den weströmischen Kaiser Romulus Augustulus, der 476 von ihrem Anführer Odoaker abgesetzt wird. Odoaker wird zwar vom oströmischen Kaiser Zeno als Statthalter anerkannt, doch 488 schickt Zeno Theoderich nach Italien. Ob er damit eher den zu mächtig gewordenen Ostgoten Theoderich oder den Usurpator Odoaker loswerden will, ist zweifelhaft. Jedenfalls besiegt Theoderich Odoaker 493 bei Ravenna, schließt scheinbar Frieden mit ihm, ersticht ihn jedoch dann eigenhändig beim Bankett und wird selbst der neue Herrscher von Italien.

FÜR BESSERWISSER

Gefangene der Griechen

Der Begriff »Slawen« leitet sich vom Wort »Slawa« her, das »Heil« oder »Ruhm« bedeutet. Die Byzantiner, die im 6. Jahrhundert viele im Krieg gefangene Slawen in den Orient verkauften, machten daraus das Wort »Sklaven«.

Wulfila und das erste deutsche Buch

Wulfila, der Apostel der Goten, wurde vermutlich 313 geboren. Die Historiker sind sich nicht ganz einig, ob Wulfilas Vater Gote oder Römer war. Seine Mutter jedenfalls soll aus einer von den Goten verschleppten Familie aus Kappadokien gestammt haben.

Sicher ist jedenfalls, dass Wulfila Gotisch und Griechisch sprach und als Dolmetscher und Diplomat im oströmischen Reich Karriere machte, bis er 341 plötzlich beschloss, Priester und Missionar zu werden. Er muss eine unglaublich charismatische Persönlichkeit gewesen sein, denn er hatte viel Erfolg.

Um dem Volk den neuen Glauben noch näher zu bringen, beschloss er, die Bibel ins Gotische zu übersetzen. Dabei gab es jedoch ein Problem. Weder die gotische Sprache noch die Schrift taugten für ein solches Vorhaben. Die Germanen kannten zwar seit dem 1. Jahrhundert v. Chr. die Runenschrift, verwendeten sie aber hauptsächlich für liturgische Zwecke und Weiheinschriften. Die Zeichen waren so gestaltet, dass sie gut in Holz geschnitzt werden konnten.

Daher veränderte Wulfila 16 Runen so, dass sie gut schreibbar waren, und ergänzte sie mit zehn griechischen Buchstaben. Auf diese Weise schuf er ein gotisches Alphabet. Doch für viele Begriffe aus der Bibel gab es keine entsprechenden gotischen Ausdrücke. Wulfila deutschte also viele griechische Begriffe ein, für andere suchte er gotische Entsprechungen.

Die Historiker messen Wulfilas Übersetzungswerk eine ungeheure Bedeutung für die Entwicklung der deutschen Sprache bei, hatte diese doch vorher einen sehr begrenzten Wortschatz, der über die Lebenswirklichkeit der alten bäuerlichen Stammeskultur nicht hinausging. Umgekehrt aber stellt Wulfilas Bibel-Interpretation für die Forscher auch einen Schlüssel zur gotischen Mentalität dar.

Die Wulfila-Bibel ist in einer Abschrift erhalten, dem Codex Argenteus (Silbernes Buch), der in der Bibliothek von Uppsala/Schweden aufbewahrt wird.

Ein merkwürdiges Reich entsteht – der Aufstieg der Franken

Im 3. Jahrhundert taucht auf der deutschen Landkarte plötzlich ein Stamm auf, den es vorher noch nicht zu geben schien: die Franken. In Wahrheit handelt es sich um einen Zusammenschluss kleinerer Stämme, die in einem Dreieck zwischen Antwerpen, Koblenz und Bremen teils auf »freiem Gebiet«, teils in römischen Provinzen ansässig sind. Ihren Namen, der »frech, keck« bedeutet, bekommen sie von den Römern. Andere Stämme mögen durch ganz Europa ziehen, um ein Reich zu gründen, doch die Franken halten sich an das nahe liegende: das römische Gallien.

Die Eroberung Galliens

Der Niederrhein ist schon lange eine unruhige Grenze. Als sich dann im 4. Jahrhundert auch noch die fränkischen Stämme zusammenschließen, muss der durchaus tatkräftige Kaiser Julian Apostata sie notgedrungen als Bundesgenossen akzeptieren. Nach Julian kommt kein römischer Kaiser mehr in den Norden. Als der erste Merowingerkönig Childerich im Jahr 481 stirbt, erstreckt sich sein Reich rautenförmig zwischen Boulogne, Nancy, der Rhön und dem Ijsselmeer. Allerdings hat er die letzte Bastion der Römer in Gallien, das Reich des Statthalters Syagrius zwischen Somme und Loire, gegen andere germanische Stämme verteidigt.

Sein Sohn Chlodwig jedoch macht kurzen Prozess. 486 erobert er das Syagrius-Reich, 497 verjagt er zusammen mit den Burgunden die Alemannen aus Baden-Württemberg in Richtung Schweiz. Den Westgoten kann er fast den ganzen französischen Besitz zwischen Loire und Garonne abnehmen.

Nach seinem Tod im Jahr 511 führen seine vier Söhne die Eroberungen fort. 531 unterwerfen sie das Reich der Thüringer zwischen Altmark und Donau, 534 folgt Burgund. Die Bayern, südlich der Donau ansässig, begeben sich freiwillig unter fränkische Oberhoheit.

Mischmasch der Kulturen

Das Reich des Chlodwig ist ein schwer durchschaubares Gebilde. Historiker schätzen, dass die Franken nicht mehr als zwei Prozent einer Bevölkerung von vielleicht sechs oder sieben Millionen ausmachten. Zahlenmäßig und auch kulturell sind sie vor allem im Norden vertreten, während südlich der Loire die römischen Strukturen fast unangetastet bleiben. Auch Bayern, Thüringer und andere tributpflichtige Völker können ihre Traditionen pflegen, solange sie brav zahlen.

Die fränkischen Stammesführer schaltet Chlodwig jedoch gnadenlos aus. Stattdessen fördert er eine neue Elite, die aus seinen Getreuen und der Oberschicht der alten römischen Verwaltung besteht. Während beim Adel die Herkunft plötzlich nicht mehr so viel zählt, wird sie für das Königtum entscheidend. Das Wahlkönigtum der Ger-

➤ Deutschland wird christlich

Zusammen mit Chlodwig lassen sich 3000 fränkische Adelige taufen. Eine aktive Missionierung ihres Volkes betreiben die Merowingerkönige jedoch nicht, auch wenn einige durchaus kulturell und religiös engagiert sind. Sie oder auch ihre Frauen stiften zahlreiche Klöster, die sowohl bei der Urbarmachung des Landes als auch bei der Pflege der verbliebenen antiken Gelehrsamkeit eine große Rolle spielen. Als 590 mit Columban der erste iroschottische Mönch ins Frankenreich kommt, sehen die Könige die Christianisierung als Chance, die östlichen Gebiete stärker an das Reich zu binden. Am Rhein, in Baden-Württemberg und Bayern setzt sich der neue Glaube auch weitgehend durch, in Thüringen und Hessen nur langsam. Friesen und Sachsen halten am stärksten an ihren germanischen Wurzeln fest. Der bedeutendste Missionar auf deutschem Boden ist der adelige Benediktiner Bonifatius aus Wessex, der zwischen 719 und 754 unter anderem die Bistümer Passau, Freising, Regensburg, Eichstätt, Würzburg und Erfurt gründet.

manen wird nun durch die Vorstellung ersetzt, das »Königsheil« werde durch das Blut übertragen. Außerdem ist der Herrschertitel plötzlich an ein Land, nicht mehr an eine Gefolgschaft gebunden. Chlodwig herrscht absolut. Die Einrichtung des Thing gibt es nur nur noch bei einigen Stämmen auf unterer Ebene.

In der Verwaltung und Kultur wird, soweit noch vorhanden, das römische Erbe bewahrt. Gleichzeitig herrscht, vor allem im Norden, das germanische Gewohnheitsrecht. Chlodwigs größter Coup jedoch ist sein Übertritt zum katholischen Christentum. Der König erkennt, dass ihm ein Bündnis mit der immer mächtiger werdenden Kirche nur nützlich sein kann. So rühmt ihn der oströmische Kaiser Athanasius als Befreier vom Arianismus, den man in Konstantinopel als germanische Ketzerei ansieht, und für die kirchlichen Würdenträger ist jede von Chlodwigs Eroberungen ein Schritt zur Ausbreitung des wahren Glaubens. Dabei gesteht Chlodwig dem Papst keinerlei Einfluss zu. Er gründet eine autonome Landeskirche und besetzt die Bischofsposten persönlich.

Chaos und Blutvergießen

Die Gewohnheit der Merowinger, ihr Reich immer unter allen königlichen Söhnen aufzuteilen, führt einerseits zu den legendären Verwandtenmorden, andererseits zur Herausbildung von zwei starken Teilreichen, dem westlichen Neustrien und dem östlichen Austrien. Zu Austrien gehören nur relativ wenige romanische Gebiete entlang des Rheins, von denen aber kulturelle Impulse in die ärmeren, dünner besiedelten germanischen Teile ausgehen. Hier wird ein frühes Deutsch gesprochen, während sich in den ehemals römischen Gegenden eine volkstümliche Form des Lateins durchsetzt.

Der politische Gegensatz zwischen Austrien und Neustrien beginnt – natürlich – mit einem Mord. Chlodwigs Enkel, Chilperich von Neustrien, lässt seine Frau, die Gotenprinzessin Gailswintha, erdrosseln, um seine frühere Geliebte Fredegunde heiraten zu können. Daraufhin erklärt ihm sein Bruder Sigibert von Austrien, der mit Gailswinthas Schwester Brunhilde verheiratet ist, den Krieg und besiegt ihn. Aus Rache lässt Fredegunde 575 Sigibert ermorden.

FÜR BESSERWISSER

Die Sprache des Volkes

Woher kommt eigentlich das Wort »deutsch«? Ganz sicher ist es nicht. Vermutlich wurde es jedoch von dem althochdeutschen Wort »theoda« (Stamm) abgeleitet und im ostfränkischen Reich für die alte Stammessprache verwendet. Die erste Erwähnung findet sich in einem Dokument Karls des Großen aus dem Jahr 786: »Tam latine quam theodisce«, heißt es dort, »sowohl auf Latein, wie auch in der Volkssprache«.

Neun Jahre später wird Chilperich erdolcht. Danach führen die Königinnen Fredegunde und Brunhilde das Regiment für ihre minderjährigen Nachkommen. Beide scheuen keine Gewalt und beugen das Recht genauso großzügig wie ihre männlichen Vorgänger. Gegeneinander führen sie einen erbarmungslosen Bürgerkrieg, der noch verschärft wird, als Fredegundes Sohn Chlotar II. in Neustrien an die Macht kommt.

In Austrien dagegen hat Königin Brunhilde einen schweren Stand gegen den Adel, der die Regierungsgeschäfte in die Hand bekommen möchte. Nach einigen Intrigen gegen Brunhilde und ihre Söhne gelingt es den Anführern der Adelspartei, Pippin I. und Bischof Arnulf von Metz, Chlotar von Neustrien zur Intervention zu bewegen. Dieser erobert Austrien, schaltet die Prinzen aus und lässt die fast siebzigjährige Königin von Pferden zu Tode schleifen, nachdem er sie drei Tage gefoltert hat.

Chlotar wird daraufhin Alleinherrscher des gesamten Frankenreichs, muss den Adel in der Verfassung aber als gleichberechtigte Macht anerkennen und für jedes Teilreich einen mächtigen Verwalter (Majordomus oder Hausmeier) einsetzen. Doch Chlotars Sohn Dagobert schickt, als er 625 König des Gesamtreiches wird, Majordomus Pippin in die Verbannung und Arnulf ins Kloster. Nach Dagoberts Tod verfällt das Frankenreich in eine Anarchie, in der sich Thronkandidaten, Adelsparteien und Hausmeier der beiden zutiefst verfeindeten Teilreiche in wechselnden Koalitionen bekämpfen. Inzwischen entsteht auch außenpolitischer Schaden. Sachsen, Bayern, Alemannen und Thüringer erklären sich für unabhängig oder stellen die Tributzahlungen ein. Das Frankenreich droht sich aufzulösen.

Das Mittelalter – ein Herrscher, ein Reich, ein Glaube

Keine Phase der deutschen Geschichte ist in sich so geschlossen wie das Mittelalter. Es wird durch eine Idee zusammengehalten – eine Idee, die nicht aus der Politik, sondern der Religion stammt: das »Reich Gottes«. Damit ist in erster Linie das »himmlische Jerusalem« gemeint. Doch ihre Vorstellungen vom Jenseits übertragen die Theologen auch auf das Diesseits. In seinem Buch »Über den Gottesstaat« führt der heilige Augustinus aus, wie der Kaiser als Vertreter der weltlichen Macht und der Papst als Vertreter der geistigen Macht zusammen die Herrschaft Gottes auf Erden verwirklichen sollen.

Eine zersplitterte Landkarte passt zu dieser Vision ebenso wenig wie eine bunte Vielfalt der Bekenntnisse. Die Visionen des Mittelalters sind universal: ein Herrscher, ein Reich und ein Glaube. Selbstverständlich sieht es in Wirklichkeit meist anders aus. Um die Einheit entbrennen erbitterte Kämpfe, Andersdenkende werden erbarmungslos verfolgt und das einfache Volk muss oft in bitterem Elend leben. Trotzdem sind die hohen Ideale und die tiefe Frömmigkeit echt. Für die Menschen des Mittelalters scheint es oft nur Schwarz oder Weiß zu geben.

Der Grundstein wird gelegt – der Aufstieg der Karolinger

Eigentlich schienen Pippin I. und Arnulf von Metz ihr Spiel um die Macht verloren zu haben. Doch der Enkel von beiden, Pippin II., nutzt die Anarchie im Merowingerreich und organisiert den austrischen Widerstand gegen Neustrien. 687 stellt er sich dann an die Spitze der neustrischen Opposition gegen den ungeliebten Hausmeier Berthar und besiegt diesen bei Tetry. Danach schmiedet er ein Bündnis mit Berthars mächtiger Schwiegermutter Ansfleda. 701 kann Pippin II. den verwaisten Hausmeierposten von Neustrien seinem Sohn Grimoald zuschanzen. Damit gelangt das fränkische Reich de facto in die Hand der Pippiniden – später Karolinger genannt.

Karl Martell und Pippin III.

Pippins Macht geht nach seinem Tod 714 auf seinen Sohn Karl Martell über. Karl führt praktisch sein ganzes Leben lang an vielen Orten Krieg: gegen Neustrien, Burgund, die Friesen, die Sachsen, die Alemannen und die Thüringer. Er reformiert das fränkische Kriegswesen, indem er statt eines Volksheeres eine gepanzerte Reitertruppe aufbietet, die aus adeligen Vasallen besteht. Diese hält er bei der Stange, indem er ihnen Lehen aus Kirchengut überlässt. Die Bischofsstühle besetzt er mit seinen Getreuen.

FÜR BESSERWISSER

Retter des Abendlandes?

Hat Karl Martell Europa vor einer gewaltsamen Islamisierung gerettet? Vermutlich nicht. 750 bekamen die spanischen Omaijiaden Probleme mit den Kalifen von Bagdad und hatten nicht mehr die Kraft für weitere Eroberungen. Karl Martell ersparte also allenfalls Südfrankreich eine ähnliche Geschichte wie Spanien, wo die Araber zwar herrschten, die christliche Kultur jedoch nicht zerstörten. Mit dem Sieg von Tours und Poitiers sicherte sich das obskure, halb barbarische Frankenreich allerdings endgültig eine Stellung als eine der dominierenden Mächte des Mittelalters.

Legendär ist Karls Sieg gegen die Araber bei Tours und Poitiers im Jahr 732. Die Araber hatten 711 das westgotische Reich in Spanien erobert und waren daraufhin immer weiter nach Frankreich eingedrungen, wobei sich einige südfranzösische Fürsten mit ihnen verbündeten. Karls Sieg stoppt diesen Vormarsch.

Karls Nachfolger werden 741 seine Söhne Pippin der Jüngere und Karlmann. Auch sie führen zahlreiche Feldzüge gegen die Araber im Languedoc, die Aquitanier, Alemannen, Bayern und Sachsen, aber auch gegen ihren übergangenen Halbbruder Grifo. Nomineller Herrscher ist immer noch ein Merowinger, von dem man nur weiß, dass er Childerich III. hieß. Nachdem Karlmann aus eigenem Antrieb Mönch wurde, fragt Pippin 750 bei Papst Zacharias an, ob es nicht besser wäre, wenn derjenige König sei, der auch die Macht habe. Mit der Rückendeckung aus Rom lässt Pippin sich dann von Bonifatius nach alttestamentarischem Vorbild zum König salben. Childerich wird ins Kloster gesteckt.

Doch die Päpste fordern eine Gegenleistung: 753 bedrohen die Langobarden das päpstliche Herrschaftsgebiet rund um Rom. Papst Stephan II. reist persönlich über die Alpen, salbt Pippin ein zweites Mal und ernennt ihn zum Schutzherrn der römischen Kirche. Damit knüpft das fränkische Reich zum ersten Mal an das Erbe des Weströmischen Reichs an. Nachdem er die Langobarden geschlagen hat, übergibt Pippin das ehemalige Exarchat von Ravenna nicht mehr an Ostrom, sondern an den Papst.

Vor seinem Tod im Jahr 768 teilt Pippin sein Reich zwischen seinen Söhnen auf: Karl erhält den Norden, Karlmann Südfrankreich, das Elsass und Baden-Württemberg.

Während der spätere Karl der Große mit Aufständen in Aquitanien beschäftigt ist, versucht seine Mutter Bertha nicht nur zwischen ihren Söhnen, sondern auch in der Politik Frieden zu stiften. Sie bin-

FÜR BESSERWISSER

Die Langobarden

Die Langobarden sind die Nachzügler der Völkerwanderung. 568 erobern sie Oberitalien, 751 das ehemalige Theoderich-Reich, das Exarchat von Ravenna. 774 wird ihr König Desiderius von Karl dem Großen gestürzt.

det den abtrünnigen Bayernherzog Tassilo wieder ans Reich und arrangiert eine Heirat zwischen Karl und der Langobardenprinzessin Desiderata. Zuletzt will sie auch Vatikan und Langobarden versöhnen und drängt König Desiderius dazu, dem Papst Stephan III. Gebiete um Benevent zurückzugeben. Doch in Rom kippt die Stimmung dadurch völlig. Der Papst wechselt zur prolangobardischen Partei und lässt zu, dass die profränkische Partei gestürzt wird.

771 stirbt Karlmann und Karl lässt sich zum Herrscher des Gesamtreiches krönen. Prompt schwingt sich Desiderius zum Beschützer von Karlmanns unmündigen Söhnen auf und versucht, Einfluss im Fränkischen Reich zu gewinnen, indem er die Kinder vom Papst salben lässt. Doch in Rom regiert inzwischen Hadrian I., der sich um politische Neutralität bemüht. Als Desiderius auf Rom zu marschiert, ruft der Papst Karl zur Hilfe. Dieser erobert das Langobardenreich und erneuert mit Hadrian I. den Pakt, den sein Vater einst mit Papst Zacharias geschlossen hatte.

FÜR BESSERWISSER

Kaiser und König

Gaius Julius Cäsar war der Namensgeber für das deutsche Wort »Kaiser«. Auf Karl (lat. Carolus) gehen osteuropäische Bezeichnungen für »König« wie das polnische »król«, das tschechische »král« oder das ungarische »király« zurück.

Karls Eroberungen

Auch Karl führt weiter Krieg. Viele seiner Aktionen tragen »Präventivcharakter« – er führt sozusagen Krieg, um weitere Kriege zu verhindern. So lässt er 788 auf der Reichsversammlung zu Ingelheim den unzuverlässigen Bayernherzog Tassilo entmachten, weil er den – vermutlich richtigen – Verdacht hat, dieser schmiede gerade mit den Awaren ein Bündnis gegen ihn. Danach besiegt er auch noch die Awaren und gliedert die von diesen unterworfenen slawischen Gebiete Friaul und Kärnten als Grenzmarken seinem Reich ein.

Die slawischen Konflikte nutzt Karl aus, um Wilzen, Sorben und Böhmen tributpflichtig zu machen. Ein Hilfegesuch des arabischen Stadthalters von Barcelona dient als Vorwand, um Nordspanien bis zum Ebro zu erobern. Bei diesen

FÜR BESSERWISSER

Die Marken

An den Grenzen des Reiches bildet Karl zur besseren Verteidigung »Marken«. Es sind Zusammenschlüsse mehrerer Grafschaften unter einem Markgrafen, der bei Angriffen aus eigener Vollmacht das Heer zusammenrufen darf. Neben Kärnten und Friaul entstehen unter Karl die spanische Mark, die bretonische, die dänische, die sorbische, die pannonische und die Ostmark.

Kämpfen wird der legendäre Markgraf Roland in den Pyrenäen getötet.

Am längsten und brutalsten wüten Karls Kriege gegen die Sachsen, an deren Spitze der westfälische Adelige Widukind steht. Auch diese kann er jedoch nach dreißig langen Jahren unterwerfen.

Ein Reich nimmt Gestalt an

Karl der Große ist aber nicht nur ein erfolgreicher Eroberer, sondern verschafft seinem riesigen Reich auch eine stabile Ordnung und einen kulturellen Neubeginn, die »karolingische Renaissance«. Dabei handelt es sich um eine Mischung aus Antike, Christentum und germanischem Erbe, die Deutschland im Mittelalter prägen wird.

Anfang des 9. Jahrhunderts besteht das Fränkische Reich aus 98 Gauen, an deren Spitze so genannte Gaugrafen stehen, die Karl ebenso wie die Bischöfe persönlich einsetzt. Doch nicht nur sie, sondern alle freien Männer im Land müssen dem König einen Treueid leisten. Sie erkennen dadurch seine Herrschaft an und verpflichten sich zu militärischer Gefolgschaft, der König verspricht ihnen im Gegenzug Schutz und ein Auskommen. Diese gegenseitige Verpflichtung ist eine Weiterentwicklung des alten germanischen Gefolgsschaftsprinzips, gilt aber auch im christlichen Sinne dem »von Gott eingesetzten« Herrscher.

FÜR BESSERWISSER

Harun al-Raschid

797 nimmt Karl mit Harun al-Raschid, dem legendären Kalifen von Bagdad, diplomatische Beziehungen auf und erhält als Geschenk einen Elefanten. Karl und Harun haben dabei eventuelle Bündnisse gegen Byzanz oder die Kalifen von Cordoba im Auge. Dazu kommt es zwar nie, doch sie vereinbaren, den jeweils anderen Glauben bei ihren Untertanen zu dulden.

Karl der Große war die prägende Figur im Deutschland des 8./9. Jahrhunderts

Auch das germanische Thing besteht weiter. In der Regel dreimal im Jahr rufen die Gaufürsten alle Freien zusammen. Dann wird ein Schöffengericht gebildet, das über die anstehenden Rechtsfälle entscheidet. Die Todesstrafe und die Ächtung darf jedoch nur der König aussprechen.

Karl der Große

2. April 747: Geburt
768: König des Nordfränkischen Reiches
771: fränkischer Alleinherrscher
24. oder 25. Dezember 800: Kaiserkrönung in Rom
28. Januar 814: Tod in Aachen

Gesetze werden in der Hofkanzlei, die von einem gebildeten Kleriker geleitet wird, vorbereitet und dann einer Volksversammlung zur Abstimmung vorgelegt. Sie gelten dann für das ganze Reich. Karl lässt aber auch das alte germanische Gewohnheitsrecht aufzeichnen, das nur im jeweiligen Stammesgebiet Geltung hat.

Kulturell setzt Karl vor allem auf die Kirche, deren Vertreter die Einzigen sind, die lesen und schreiben können. Der König lässt eine Bibliothek zusammentragen und sammelt Gelehrte aus ganz Europa um sich. Der bedeutendste von ihnen ist der Angelsachse Alkuin, der Lehrbücher über die »Sieben Freien Künste« verfasst und mit der karolingischen Minuskel eine neue Schreibschrift entwickelt.

Karl der Große

Angeblich soll Karl der Große behauptet haben, er wäre am Heiligabend des Jahres 800 gar nicht in die Kirche gegangen, wenn er gewusst hätte, dass Papst Leo III. ihm die Kaiserkrone aufs Haupt setzen würde. Sehr glaubhaft ist das nicht. 799 war Leo vor einem Aufstand des römischen Adels nach Paderborn geflohen und hatte Hilfe bei Karl gesucht. Dieser rückt daraufhin in Rom ein und beruft in der Peterskirche eine große Gerichtsverhandlung aus geistlichen und weltlichen Würdenträgern, fränkischen und römischen Adeligen, deren Vorsitz er selbst führt. Am Ende passiert nicht viel. Leo erhält die Gelegenheit, durch einen Eid sämtliche gegen ihn gerichteten Vorwürfe zurückzuweisen, seine Gegner werden aus der Stadt verbannt.

Das auffallendste Merkmal der deutschen Kaiserkrone ist ihre achteckige Form

Mit ziemlicher Sicherheit wurde auf dieser Synode auch Karls Krönung vorbereitet. Als Karl sich zum Gebet erhebt, setzt ihm Leo eine Krone auf, die schon auf dem Altar bereitliegt, und die versammelten Römer brechen in gut einstudierte Huldigungsrufe aus.

Mit dieser Zeremonie beginnt jedoch eine merkwürdige Tradition, denn es gibt keine Instanz, die traditionell das Recht hätte, einen Kaiser zu ernennen. Selbst im alten Rom bestimmten die Herrscher teils ihre Erben selbst, teils wurden sie vom Heer ausgerufen oder gelangten durch schlichte Gewalt an die Macht. Außerdem gilt offiziell noch immer der oströmische Kaiser als Erbe Westroms.

Auch die Päpste erhoben von sich aus nicht den Anspruch, weltliche Würden zu verteilen. Im Grunde wählte einst Karls Vater Pippin III. das Papsttum aus, ihn als Herrscher zu legitimieren. Karl setzt diesen Weg fort, indem er die Krönung durch Leo III. duldet. Irgendwelche rechtlichen Ansprüche ergeben sich daraus zunächst nicht, denn ein römi-

und die Kaiserkrönung

sches Reich gibt es nicht mehr. Der Kaisertitel wird das ganze Mittelalter über nicht an ein bestimmtes Territorium gebunden sein.

Dass aus der Zeremonie vom Weihnachtsabend 800 trotzdem ein neues Kaisertum entsteht, hat mehrere Gründe. Die alte römische Vorstellung eines einzigen großen Reiches mit einem Herrscher an der Spitze ist noch nicht tot, sondern wurde von christlichen Theologen wie Augustinus begierig aufgegriffen. (Sein »Gottesstaat« soll das Lieblingsbuch Karls des Großen gewesen sein.) Das Byzantinische Reich konnte diese Funktion jedoch nicht ausfüllen. Sowohl für die Päpste als auch für die germanischen Stämme der Völkerwanderungszeit war Byzanz immer ein Gegner. Im Kaiser von Konstantinopel den gottgesandten, universalen Herrscher zu sehen, lag allen Kräften Westeuropas ziemlich fern. So präsentiert sich Karl der Große mit seinem riesigen Reich, seinem Erfolg (Königsheil) und seiner Persönlichkeit plötzlich als nahe liegender, quasi »natürlicher« Kandidat für die Kaiserwürde. Nicht weil Leo III. ihn dazu gemacht hat, sondern weil Karl von den Zeitgenossen als Kaiser akzeptiert wurde, entsteht ein neues Kaisertum.

Karl jedoch war, wie sein Biograf, der Mönch Einhard, berichtet, ungehalten über die Zeremonie, weil er eigentlich nicht vorhatte, diesen neuen Status vom Papst und der Bestätigung durch das römische Volk abhängig zu machen. 813 erhebt er deshalb mit Zustimmung der Reichsversammlung seinen 25-jährigen Sohn Ludwig zum Mitkaiser und Erben. Bei der Zeremonie in der großartigen Aachener Pfalzkapelle, dem heutigen Dom, nimmt Ludwig seine Krone selbst vom Altar und setzt sie sich auf – wie es auch die oströmischen Kaiser tun. Von einem Papst ist weit und breit nichts zu sehen. Doch drei Jahre später lässt Ludwig zu, dass ihn der Papst erneut krönt. Damit ist de facto das Ernennungsrecht der Päpste geschaffen. Erst im Jahr 1508 bricht der Habsburger Maximilian I. mit dieser Tradition.

Getrennte Wege – das Ostfränkische Reich

Eigentlich wollte Karl der Große sein Reich nach guter fränkischer Tradition unter seinen drei Söhnen aufteilen. Doch als er stirbt, lebt nur noch der jüngste: Ludwig der Fromme. Unter Ludwigs Nachkommen gibt es eine Reihe von Teilungen, doch die karolingischen Prinzen starben meist sehr früh. Letztendlich bleibt die Spaltung in ein West- und ein Ostreich, aus denen sich mit der Zeit Frankreich und Deutschland entwickeln.

Wirre Zeiten

Ludwig der Fromme hat schon rein körperlich nicht das Format seines Vaters (der über 1,90 Meter groß gewesen sein soll). Sein Lieblingsprojekt ist die Reform der Klöster. Daneben handelt er zu Beginn seiner Regierungszeit durchaus tatkräftig. Seinen ältesten Sohn Lothar macht er zum Mitregenten, die jüngeren Söhne werden mit Teilreichen abgespeist. Pippin erhält Aquitanien, Ludwig II. Bayern und die Ostmark.

Doch als Ludwig 829 für seinen Sohn aus zweiter Ehe, Karl den Kahlen, mit Alemannien ein weiteres Teilreich schafft, empören sich die älteren Söhne gegen ihn. Es kommt zur »Schlacht auf dem Lügenfeld« bei Colmar, wo Ludwigs Heer zu dem seiner Söhne überläuft. Doch auch diese sind sich nicht grün. 840, nachdem Pippin und Ludwig der Fromme gestorben sind, kämpft plötzlich Ludwig II. mit seinem jungen Halbbruder Karl gegen Lothar. Erst 843 einigen sich die Brüder. Karl erhält den Westen des Reiches, Lothar die Mitte inklusive Italien und Ludwig den Osten.

Aber auch Lothar und seine drei Söhne leben nicht lange. Im Jahr

FÜR BESSERWISSER

Chlodwig kommt wieder

Bei den Söhnen und Enkeln Karls des Großen tauchen die merowingischen Königsnamen wieder auf. Lothar (berühmt im Heer) ist eine Weiterbildung von Chlothar, Ludwig (berühmter Kämpfer) von Chlodwig.

Die Raubzüge der Wikinger versetzten im 9. Jahrhundert große Teile Deutschlands in Angst und Schrecken

869 teilen Karl und Ludwig »Lotharingen« unter sich auf. Ludwig erhält den Osten um Aachen. Seinem Sohn Karl gelingt es, 881 zum Kaiser gekrönt zu werden. Nach dem Tod seiner Brüder wird er Alleinherrscher des Ostfränkischen Reiches und 884 wählen ihn auch die westfränkischen Adeligen zum König, da in ihrer eigenen Linie momentan nur ein Prinz von fünf Jahren (Karl der Einfältige) zur Verfügung steht.

Doch der schwer epilepsiekranke Karl III. kann das Reich nicht gegen die Wikinger verteidigen, die Raubzüge bis nach Koblenz und Trier unternehmen und sich an der friesischen Küste sogar festsetzen. 887 zwingen ihn die Fürsten zugunsten seines Neffen Arnulf von Kärnten abzudanken. Arnulf besiegt 981 bei Löwen die Streitmacht der Wikinger und erlangt schließlich 896 die Kaiserkrone, nachdem er den Papst aus der Gewalt des Herzogs

FÜR BESSERWISSER

Die Friedelehe

Arnulf wird oft als illegitimer Spross der Karolinger bezeichnet. Doch das stimmt nicht ganz. Er entstammte einer so genannten Friedelehe, die im Mittelalter durchaus anerkannt wurde. Sie erhielt ihre Legitimation allerdings nicht durch eine Eheschließung, sondern durch langjähriges Zusammenleben, war also Teil des Gewohnheitsrechtes.

von Spoleto befreit. Doch 899 stirbt der ebenfalls unter Epilepsie leidende Herrscher nach einem Schlaganfall.

Arnulfs Sohn Ludwig IV. ist ein Kind von sechs Jahren, das die ostfränkischen Adeligen nicht in ihrer Selbstständigkeit stört. Als Ludwig im Jahr 911 stirbt, vollziehen sie die eigentliche Teilung zwischen Ost- und Westreich. Anstatt Karl den Einfältigen – inzwischen König der Westfranken – als Herrscher anzuerkennen, wählen sie den Grafen Konrad zu ihrem König. Konrad selbst erlangt keinerlei politische Bedeutung. Doch durch seine Wahl in Forchheim wird das Ostfränkische Reich ein vom Westen unabhängiger Bund von Stammesherzogtümern: Sachsen (heute in etwa Niedersachsen, Schleswig-Holstein, Thüringen), Franken (Hessen, Mainfranken, Mittelrhein), Schwaben (Elsass, Baden-Württemberg, Schweiz, Bayerisch-Schwaben) und Bayern (Mittelfranken, Oberpfalz, Ober- und Niederbayern, Oberösterreich, Tirol, Südtirol). Lediglich Lothringen (Ostfriesland, Holland, Belgien, Saarland, Pfalz, Luxemburg, Westfrankreich) schließt sich aus Protest gegen Konrads Wahl zumindest zeitweise dem Westfränkischen Reich an.

➤ Deutsche Dichtung

Aus der Karolingerzeit stammen die ältesten literarischen Werke in deutscher Sprache. Sie sind eine interessante Mischung aus christlicher Religion und germanischer Vorstellungswelt. So schildert zum Beispiel der »Heliand«, ein sächsisches Bibel-Epos von 830, Petrus' Reaktion bei der Festnahme Jesu so: »Da erboste mächtig der schnelle Degen Simon Petrus, wild wallte der Mut ihm, kein Wort da sprach er, so voll Harm ward sein Herz, als sie den Herrn hier zu greifen begehrten.«
Über den Beginn der Welt heißt es in den »Wessobrunner Gebeten« von 814: »Da erfuhr ich unter Menschen als der Wunder größtes, dass Erde nicht war noch Oberhimmel, noch Baum, noch Berg, dass die Sonne nicht schien, noch der Mond leuchtete, noch das herrliche Meer. Als da nichts war der Enden noch Wenden, da war der allmächtige Gott, der Mannen mildester.«

Wiege des Föderalismus

Ludwig II. der Deutsche zog bei der Reichsteilung nicht gerade den Hauptgewinn: Die alten Stammesgebiete der einstmals freien Germanen sind immer noch ärmer, dünner besiedelt und kulturell rückständiger als der römisch geprägte Westen des Frankenreichs. Außerdem wurden viele der Stämme erst kurz zuvor der fränkischen Zentralgewalt unterworfen – durchaus eine »Problemregion« also. Doch im Endeffekt macht gerade das das Ostfränkische Reich lebensfähig. Während die späten Karolinger immer schwächer werden, setzen sich in den Stammesgebieten einzelne Familien durch – oft in blutigen Kämpfen. Ihre Oberhäupter beanspruchen unter dem germanischen Herzogstitel die Führerschaft für sich und bilden 911 eine Föderation.

Trotzdem ist das Ostfränkische Reich kein Rückfall in die alten germanischen Zustände, wo jeder jeden bekriegte, wenn die Gelegenheit günstig war. Die Idee eines starken geordneten Reiches besteht fort. Niemand will die kulturellen, wirtschaftlichen und politischen Fortschritte, die es unter Karl dem Großen gegeben hat, wieder aufgeben.

FÜR BESSERWISSER

Indoeuropäisches Erbe

Das Lehens- und Vasallenprinzip hat uralte indoeuropäische Wurzeln. Bereits bei den Hethitern, die im 2. Jahrtausend v. Chr. in Anatolien lebten, gab es ein ähnliches System gegenseitiger Verpflichtung zwischen König, Adel, freien Untertanen und Hörigen.

Politisch eint die Herzöge die Gefahr, die von den Einfällen der Wikinger, der Slawen und der Ungarn ausgeht. Darüber hinaus beginnt sich aber auch eine gemeinsame Kultur herauszubilden. Eine wichtige Rolle spielen dabei rund zwei Dutzend Klöster wie Fulda, Corvey, Lorsch, St. Gallen, Reichenau oder Wessobrunn, in denen das karolingische Erbe gepflegt und langsam auch weiterentwickelt wird. Eine andere Klammer ist die gemeinsame Sprache, die sich aus den verschiedenen Stammesdialekten gebildet hat.

Das Lehenswesen

Für die Stabilität des Reiches sorgt auch das Lehenswesen, das unter Karl dem Großen und Ludwig dem

Frommen eingeführt wird. Der König sichert den Untertanen gegen den Treueschwur nicht nur Schutz zu, sondern »leiht« ihnen auch Ämter und Land. Diese Lehen können bei Unbotmäßigkeit entzogen werden und fallen nach dem Tod des Belehnten an den König zurück. Mit der Zeit werden sie allerdings »quasi-erblich«, das heißt nur in Ausnahmefällen erhält der Sohn nicht das Lehen des Vaters. Außerdem entsteht eine »Lehenspyramide«. Die Kronvasallen (Herzöge, Grafen, Bischöfe und Reichsäbte) verleihen ihren umfangreichen Besitz an die Aftervasallen (Ritter oder Äbte) weiter. Diese wiederum teilen es den hörigen Bauern zu, die dafür Abgaben erbringen und Dienste leisten müssen.

Die Hörigkeit ist jedoch keine Sklaverei. Auch hier schulden die Herren Schutz und Unterhalt. In karolingischer Zeit geben sogar viele Bauern freiwillig ihr Land ab und werden Un- oder Halbfreie. Damit entgehen sie der Pflicht aller Freien, Kriegsdienste leisten zu müssen – für ärmere Bauern eine kaum erträgliche Bürde, denn erstens gibt es ständig Kriege, zweitens können sie ihr Feld nicht bestellen, wenn sie abwesend sind, und drittens müssen sie darüber hinaus noch ihre Ausrüstung selbst finanzieren.

Daneben gibt es in der Karolingerzeit aber auch noch echte Sklaverei. Die verschiedenen Stufen der Abhängigkeit im Mittelalter sind für Historiker schwer zu durchschauen und auch von Region zu Region verschieden. Wahrscheinlich hing es meist mehr vom jeweiligen Herrn als vom Status ab, wie erträglich oder unerträglich der Zustand des Einzelnen war.

➤ Beginn eines Lehens

Ein Lehen wurde der Regel nach durch Investitur begründet. Zur Zeit des Frankenreichs geschah das durch den so genannten Handgang, bei dem der Lehnsmann seine gefalteten Hände in die Hände des Lehnsherren legte, die dieser umschloss. Damit begab er sich symbolisch in den Schutz seines neuen Herrn. Im ausgehenden 9. Jahrhundert wurde dieser Akt durch einen Treueid ergänzt.

Der Traum vom Römischen Reich – die Ottonen

919 stirbt König Konrad, doch vorher empfiehlt er den Herzögen noch einen Nachfolger: Heinrich von Sachsen. Das gefällt nicht allen seinen Kollegen, denn Heinrich ist ein starker Herrscher. Die Schwaben erkennen seine Wahl deshalb nicht an, die Bayern wählen sogar ihren eigenen König. Es braucht zwei kampfreiche Jahre, bis Heinrich sich durchgesetzt hat. Doch er erreicht, dass sich sogar Lothringen wieder dem Ostfränkischen Reich anschließt. Dann macht er sich daran, sein Herrschaftsgebiet aufzurüsten.

Kampf gegen die Ungarn

Deutschland wird damals von ungarischen Reiterhorden bedroht. Heinrich schließt 926 einen neunjährigen Waffenstillstand mit ihnen und zahlt dafür hohen Tribut. Dann lässt er Abteien und Herrensitze von der umliegenden Bevölkerung zu befestigten Militärposten ausbauen. Dies ist der Anfang des Burgenbaus, aber auch die Keimzelle von Städten wie Hamburg oder Magdeburg. Um diese Grenzorte zu stärken, verlegt Heinrich bewusst Gerichtstage und Märkte dorthin. Er fördert die Kavallerie und stellt verurteilte Verbrecher vor die Wahl, entweder ihre Strafe anzunehmen oder in seinem Heer zu dienen. Zur Übung lässt er das von den Wilzen bewohnte Brandenburg erobern und macht Böhmen tributpflichtig. Im Jahr 933 kann er dann an der Unstrut schließlich die Ungarn schlagen.

Zu seinem Nachfolger lässt Heinrich Otto wählen, seinen zweitältesten Sohn. Der Sachsenprinz hat Sinn für Symbolik. Mit allem Prunk besteigt er in Aachen den Thron Karls des Großen. Otto versucht, seine Macht zunächst durch Familienpolitik zu sichern. Er macht seinen jüngeren Bruder Heinrich durch Heirat zum Herzog von Bayern, schanzt seinem Sohn Liudolf die Erbtochter von Schwaben zu und seinem Schwiegersohn Konrad dem Roten das Herzogtum Lothringen. Doch sie

Otto I., deutscher König und römischer Kaiser, mit seiner ersten Gemahlin Edgitha

alle rebellieren gegen ihn und stürzen das Land in Bürgerkriege, die Zehntausende das Leben kosten. Zeitweise hängt Ottos Schicksal am seidenen Faden. Doch letztendlich hat er immer wieder Glück – im Sinne des germanischen Königsheils ein Verdienst.

Die Ottonen

Heinrich I., 876–936, König ab 919
Otto I., 912–973, König ab 936, Kaiser ab 963
Otto II., 955–983, König ab 973, Kaiser ab 967
Otto III., 980–1002, König ab 983, Kaiser ab 996
Heinrich II., 973–1024, König ab 1002, Kaiser ab 1014

Doch nichts festigt Ottos Ruf so sehr wie der Sieg auf dem Lechfeld. 955 fallen wieder einmal die Ungarn in Deutschland ein – vermutlich an die 15 000 Bewaffnete. Bei Augsburg tritt ihnen Otto mit etwa 10 000 Mann entgegen und siegt in einem schrecklichen Gemetzel. Ottos Verdienst war in erster Linie, überhaupt alle Fürsten zur Unterstützung bewegt zu haben. Einer der militärischen Helden war sein reuiger Schwiegersohn Konrad, der in einem kritischen Moment die Initiative ergriff und dies am Ende mit seinem Leben bezahlte.

Die Ungarn werden nach dieser Niederlage beinahe umgehend sesshaft. 975 lässt sich ihr Fürst Geza taufen und sein Sohn, der heilige Stephan, wird einer der großen Könige des Mittelalters.

Innen- und Ostpolitik

Der zuverlässigste Helfer von Otto I. ist sein jüngerer Bruder Brun, der Erzbischof von Köln. Er übernimmt die Statthalterschaft, wenn Otto in Italien ist, regiert zwischenzeitlich das Herzogtum Lothringen und ist zudem ein großer Förderer der Kultur. Es ist deshalb nicht verwunderlich, dass sich Otto mehr und mehr auf die kirchlichen Fürsten in seinem Reich stützt. Sie streben nicht selbst nach dem Thron, haben keine Erben und sind zudem gebildet. Die Domschulen werden wichtige Träger der Kultur und die Bischöfe betätigen sich auch als Bauherren, allen voran Bernward von Hildesheim, der dort den Dom und St. Michael errichten lässt.

Zu Beginn seiner Herrschaft ist Otto auch mit Aufständen der Slawen konfrontiert. Er reagiert hart und konsequent. Die dünn besie-

➤ Aggression oder Verteidigung?

Es ist schwer, die Kriege und Kämpfe des Mittelalters nach heutigen moralischen Vorstellungen zu bewerten. Es stimmt, dass die Könige eine aggressive Eroberungspolitik betrieben und versuchten, alle Gebiete, derer sie habhaft werden konnten, unter ihre Oberherrschaft zu bringen. Es stimmt aber auch, dass von den Stämmen am Rande des Reichs, seien es nun Ungarn, Sachsen, Awaren, Slawen oder Normannen, eine ständige Gefahr ausging. Bei ihren Raubzügen brannten sie oft ganze Dörfer nieder, mordeten und vergewaltigten, was sie in die Finger bekamen, und verkauften Tausende in die Sklaverei. Die Reaktionen der christlichen Könige fielen kein bisschen menschlicher aus. Gerade wenn die Feinde Heiden waren, kannte man keine Hemmungen und ermordete schon einmal 30 Fürsten bei einem Gastmahl. Aber auch bei innerdeutschen Konflikten ging es außerordentlich brutal zu. Außerdem dauerten sie meist länger als ein Einfall der Ungarn.

FÜR BESSERWISSER

Das Heilige Römische Reich
Der Begriff »Sacrum Imperium Romanum Nationis Germaniae« wird zum ersten Mal bei der Kaiserkrönung Ottos I. erwähnt. Das »Heilige Römische Reich Deutscher Nation« ist aber nichts als eine Übersetzung. Das erste Staatengebilde, das offiziell den Namen »deutsch« trug, war 1815 der Deutsche Bund.

delten, wenig erschlossenen Gebiete zwischen Elbe und Oder werden unterworfen und Markgrafen unterstellt. Um die neu gegründeten Bistümer Oldenburg (in Holstein), Brandenburg, Havelberg, Merseburg, Meißen, Zeitz (später Naumburg) und Posen werden neue Ansiedlungen, Klöster, Straßen und eine Verwaltung der Gebiete gefördert.

Beim Papst beantragt Otto, seine Lieblingsstadt Magdeburg zum Missionserzbistum für die gesamten Slawengebiete zu machen. Der Papst schränkt die Geltung aber auf die bereits tributpflichtigen Gebiete ein, denn jenseits der Oder sitzt mit dem Polen Mieszko seit 966 ebenfalls ein christlicher Fürst, der Interesse an den noch heidnischen Slawengebieten hat. Die ottonischen Marken, die auf vielen historischen Landkarten so fest umrissen eingezeichnet sind, waren in Wahrheit zwischen Ottos und Mieszkos Nachfolgern hart umkämpft.

Die Romzüge

962 ruft Papst Johannes XII. Otto zur Hilfe und bietet ihm die Kaiserkrone an, wenn Otto ihm dafür den Markgrafen Berengar von Ivrea vom Hals schafft. Doch es kommt gar nicht erst zum Kampf. Berengar flieht vor Ottos Heer und dem deutschen König wird endlich die achteckige Kaiserkrone aufgesetzt, die er schon Jahre vorher hat anfertigen lassen. In einem Dokument vereinbart Otto mit Johannes, dass nicht nur der Kaiser dem Papst Schutz gelobt, sondern auch jeder neue Papst künftig erst dann geweiht wird, wenn er dem Kaiser Treue geschworen hat.

So weit, so gut: Doch als Otto nach der Krönung Anstalten macht, Ordnung in die römischen Verhältnisse zu bringen, verbündet sich Johannes XII. sofort wieder mit Berengar. Insgesamt kämpft Otto dreieinhalb Jahre gegen den römi-

FÜR BESSERWISSER

Der Papst und die Frauen

Unter den Ottonen regierten einige der schlimmsten Päpste der Geschichte. Über Johannes XII. wurde gesagt, ehrbare Frauen könnten nicht mehr auf Wallfahrt nach Rom gehen, weil sie Angst haben müssten, vom Papst vergewaltigt zu werden.

schen Intrigendschungel. Sein zweiter Italienzug 966 wird ihn sogar sechs Jahre beschäftigen.

Otto II. ist 18 Jahre alt und bereits seit sechs Jahren Mitkaiser, als sein Vater 973 auf dem Höhepunkt seiner Macht stirbt. Mit Angriffen der Dänen und den Intrigen seines Cousins Heinrich des Zänkers von Bayern wird er noch halbwegs fertig. Doch 980 versucht er, das teils byzantinische, teils sarazenisch besetzte Süditalien zu erobern und wird vernichtend geschlagen. Gleichzeitig bricht im Norden ein großer Aufstand der Dänen und Slawen los, bei dem nur die Bistümer Meißen und Zeitz bestehen bleiben. Auf dem Rückweg nach Deutschland stirbt Otto II. in Rom an einer Darminfektion.

Otto III. soll sehr attraktiv, unglaublich gebildet und ein Träumer gewesen sein. Ihm schwebt eine Erneuerung des Römischen Reiches mit Rom als Hauptstadt vor. Auf die Bitten der Römer, ihnen einen neuen Papst zu geben, setzt er erst

Die Frauen der Ottonen

Otto III. ist beim Tod seines Vaters zwar schon gekrönt, aber erst drei Jahre alt, und manch einer gibt nicht viel auf seine Herrschaft. Doch seine tatkräftige byzantinische Mutter Theophano und die fromme Großmutter Adelheid, die einander vermutlich nicht ausstehen konnten, raufen sich zusammen, sodass Otto mit 14 Jahren ein intaktes Reich übernehmen kann. Bei seinem zweiten Italienzug überträgt der junge König dann die Stellvertretung in Deutschland drei Jahre lang seiner Tante, der Äbtissin Mathilde von Quedlinburg.

Auch Kunigunde von Luxemburg, die »viel geliebte Gemahlin und Mitregentin« von Heinrich II., fungiert als Stellvertreterin ihres Mannes und gehört seinem engsten Beraterzirkel an.

seinen Cousin Brun von Kärnten als Gregor V. und dann seinen Freund Gerbert von Aurillac als Silvester II. auf den Heiligen Stuhl. Doch er kann die Römer nicht von seinen Visionen überzeugen, sondern muss sich gegen Verschwörer und Gegenpäpste, die nicht besser als Johannes XII. sind, mit Mitteln durchsetzen, die seinen Idealen zutiefst widersprechen. Schließlich werden Otto und Silvester aus der Stadt vertrieben. Kurz darauf stirbt der 21-jährige Kaiser, als Todesursache sind Blattern, Malaria und Gift im Gespräch. Möglicherweise haben ihn auch die harten Bußübungen geschwächt, mit denen er versuchte, sich seine Mitschuld an den Bluttaten von Rom vom Gewissen zu schaffen.

Der Realist

Nach dem Tod Ottos III. bemächtigt sich sein Großcousin Heinrich von Bayern in einem Handstreich der Reichsinsignien. Das hätte der Auftakt zu blutigen Kämpfen sein können, doch Heinrich II. ist nicht nur durchsetzungsfähig, sondern auch pragmatisch. Er erlangt seine Anerkennung durch zähe Verhandlungen. Seine größten Verdienste erwirbt der Mann, den oft wochenlang schwere Gallenkoliken niederwerfen, in der Innenpolitik. Er lässt die Kirche, die sagenhaft reich, aber auch dekadent geworden ist, reformieren, streicht alle »überflüssigen« Einkünfte ein und verwendet sie da, wo sie ihm nützlich erscheinen. Außerdem sorgt er für eine Eindämmung der zahlreichen Fehden und für Rechtssicherheit im Reich. Gerade auf lokaler Ebene werden oft Abgaben willkürlich erhöht oder Sühnegelder ohne vorherige Gerichtsverhandlung eingetrieben.

Doch auch Heinrich ist fromm und nicht ohne Visionen. In einer nur sehr dünn besiedelten, halb fränkischen, halb slawischen Grenzregion errichtet er das Erzbistum Bamberg mit seinem großartigen Dom.

FÜR BESSERWISSER

Das Recht zum Widerstand

Fehden sind im Mittelalter ganz legal. Wer in seinem Recht geschädigt wird, und sei es durch den König, der darf es auf eigene Faust wiederherstellen. Allerdings sind bei den meisten Konflikten beide Parteien überzeugt, im Recht zu sein.

Otto III. und der Verzicht von Gnesen

Im Winter des Jahres 1000 unternimmt Otto einen Gewaltritt von 1 400 Kilometern, um in der Stadt Gnesen am Grab seines böhmischen Freundes Adalbert zu beten,

Die Politik Ottos III. ist heute unter Historikern noch genauso umstritten wie zur Zeit seiner Regentschaft

der als Missionar von den baltischen Pruzzen ermordet wurde. Bei diesem Besuch erhebt Otto Gnesen zum Erzbistum, erlässt Polen die Tributzahlungen und ernennt Fürst Boleslaw Chrobry zum »Bruder und Mitarbeiter«. Genauso verfährt er wenig später gegenüber Stephan von Ungarn.

Die deutschen Fürsten toben, als Otto »deutsche Interessen verrät«. Auch viele Historiker gestehen Otto III. zwar seinen Idealismus zu, meinen aber, das Reich wäre vor die Hunde gegangen, wenn er länger gelebt hätte. Nur eine Minderheit findet Ottos Politik vernünftig.

Um die Jahrtausendwende hat sich Europa nämlich dramatisch verändert. In Dänemark, Polen, Böhmen und Ungarn entstehen neue christliche Reiche. Deutschland ist im Norden und Osten plötzlich nicht mehr von »Wilden und Vasallen« umgeben. Für die meisten Fürsten ist das kein Grund, mit der bisherigen Politik zu brechen, möglichst alle Nachbarn tributpflichtig zu machen. Otto dagegen denkt sich sein neues Römisches Reich als eine freundschaftliche Föderation christlicher Fürsten.

Möglicherweise hätte eine konsequent verfolgte Freundschafts- und Bündnispolitik tatsächlich bessere Ergebnisse erzielt als die immer wieder halbherzig gehegte Illusion, alles beherrschen zu können. Ottos Nachfolger wird vor allem ihr Herrschaftsanspruch in Italien, aber auch in einigen anderen Ländern viel Blut, Anstrengung und finanzielle Mittel kosten.

Zwist mit dem Papst – die Salier

Der Übergang von den Ottonen zu den Saliern ist unspektakulär. Die Fürsten einigen sich auf den Grafen Konrad von Speyer als neuen König. Konrad kümmert sich nicht mehr als nötig um Italien und erkauft Frieden gegen Land. Der skandinavische König Knut bekommt Schleswig, die Ungarn einen Grenzstreifen an der Donau. Die Rechtspflege liegt auch Konrad sehr am Herzen. Dabei hat er zum ersten Mal die unteren Schichten im Auge. Er macht die Lehen der Ritter erblich, festigt damit ihre Position gegenüber dem hohen Adel und gewinnt sie als Anhänger bei innenpolitischen Schwierigkeiten. Mit der Kirche hat er dagegen wenig am Hut. Er verkauft Bistümer und Abteien an den, der am meisten zahlt.

Frischer Wind in der Kirche

Der Ämterkauf, die »Simonie«, wie Konrad II. sie betreibt, ist übliche Praxis in ganz Europa. Doch in dem französischen Kloster Cluny entsteht eine Gegenbewegung gegen die immer krasser werdende Verweltlichung der Kirche.

Konrads frommer Sohn, Heinrich III., stoppt den Ämterkauf. In Rom setzt er drei gleichzeitig amtierende Päpste ab und Männer seiner Wahl ein. Die ersten der deutschen Päpste sterben schnell an Malaria, doch dem elsässischen Grafen Bruno von Egisheim gelingt es als Leo IX., eine Reform im Sinne von Cluny zu beginnen. Heinrich III. hat jedoch eines übersehen. Die Reformer von Cluny wollen nicht nur Ämterkauf und Priesterehe beenden, sondern auch jeglichen Einfluss der weltlichen Macht auf die Kirche, allen voran die Ernennung von Bischöfen durch die Könige. Auf diese

> **Die Salier**
>
> Konrad II., 990–1039, König ab 1024, Kaiser ab 1027
> Heinrich III., 1017–1056, König ab 1039, Kaiser ab 1046
> Heinrich IV., 1050–1106, König ab 1056, Kaiser ab 1084
> Heinrich V., 1081–1125, König ab 1106, Kaiser ab 1111

Laieninvestitur aber stützt sich die Regierung im deutschen Reich.

Unter Leo IX. beginnt auch die Karriere eines Benediktinermönches namens Hildebrand, der schon lange die Strippen im Vatikan zieht, bevor er 1073 als Gregor VII. Papst wird. Gregor ist ein Fanatiker, der die Ideen von Cluny mit absoluten Machtansprüchen kombiniert. Er fördert eine Wandermönchbewegung, die in ganz Europa das einfache Volk gegen die »sündigen« Kirchenoberen aufhetzt. Im dünn besiedelten Deutschland, wo die Könige in der Regel darauf achteten, fromme und gebildete Bischöfe zu berufen, ist die Bewegung nicht sehr stark, aber im verstädterten Oberitalien sorgt sie für einen Umsturz. Doch auch die deutsche Geistlichkeit wird immer öfter nach Rom zitiert und mit dem Bann bedroht. Für die eigene Macht jedoch setzt Gregor bedenkenlos die Kirchenschätze ein und schließt sogar ein Bündnis mit den Normannen, deren Eroberungen in Süditalien er anerkennt.

Canossa

Heinrich IV. und Gregor VII. prallen schnell aufeinander. In den drei Jahren nach Gregors Thronbestei-

➤ Kein guter Start

Heinrich IV. ist sechs Jahre alt, als sein Vater stirbt. Seine labile, fanatisch fromme Mutter erhört mal diesen, mal jenen Ratgeber und gibt bedenkenlos Rechte und Besitztümer her. Mit elf Jahren wird der kleine König vom Erzbischof von Köln gekidnappt, der ihn streng erzieht, später lässt der Erzbischof von Bremen zu, dass er zum randalierenden, saufenden Raufbold wird. Mit 15 zwingt man ihm eine Frau auf, die er nicht ausstehen kann, und als er drei Jahre später die Scheidung verlangt und versichert, die Königin wäre noch Jungfrau, kanzelt ihn der päpstliche Gesandte als unsittlichen Verbrecher ab. Sein Reich ist ausgeplündert und tief gespalten. Dass er überhaupt einen Fuß auf den Boden bekommt, verdankt er einem Frevel: Sächsische Bauern vergehen sich beim Schleifen einer Burg, die Heinrich ihrem Herzog hatte ausliefern müssen, an den Reliquien. Daraufhin drängen die schockierten Fürsten Heinrich ihre Hilfe gegen den rebellischen Sachsenherzog geradezu auf.

Kaiser Heinrich IV. kniet vor der Markgräfin Mathilde von Canossa nieder

gung schreiben sie einander wüste Briefe und erklären sich gegenseitig für abgesetzt. Der deutsche Klerus und die meisten Fürsten stehen zunächst auf der Seite des Königs gegen den Papst, der erklärt, er sei alleiniger Herr über alle Königreiche und die römische Kirche würde niemals irren.

Doch weder König noch Bischöfe können verhindern, dass weiterhin Wanderprediger unterwegs sind. Sie appellieren einerseits an die Frömmigkeit und die Angst der Menschen um das ewige Seelenheil, denn schließlich hat die deutsche Reichskirche nicht mehr viel mit dem Evangelium zu tun. Andererseits stacheln sie den berechtigten Zorn der niederen Volksschichten gegen »die da oben« auf. 1076 fordern die deutschen Fürsten von Heinrich, binnen vier Monaten den Kirchenbann loszuwerden, wenn er seine Königskrone behalten will. Das Ergebnis ist bekannt: Heinrich geht »nach Canossa«. Als reuiger Büßer setzt er Gregor moralisch unter Druck und erreicht, dass dieser den Bann aufhebt.

Doch auch nach Canossa geht der Kampf weiter. Heinrichs Gegner in Deutschland stellen einen Gegenkönig auf, das ganze Land wird in einen blutigen Krieg gerissen

FÜR BESSERWISSER

Strenge Winter

Im 11. Jahrhundert war es in Europa besonders kalt und feucht. Im Winter 1076/77, als Heinrich IV. mit seiner Frau und dem zweijährigen Sohn über die Alpen nach Canossa zog, waren Rhein, Donau, Rhone und Weichsel von November bis in den April hinein komplett zugefroren. Das königliche Gefolge kroch teils auf allen vieren über die vereisten, spiegelglatten Alpenpässe. Erst Mitte des 12. Jahrhunderts wurde das Klima wieder besser.

und der Papst bannt den König erneut. Heinrich zieht nach Rom, kann die Stadt nach drei vergeblichen Versuchen einnehmen und ersetzt Gregor durch einen Gegenpapst. Dann aber flieht er selbst, bevor Gregors normannische Verbündete eintreffen. Diese hausen in Rom allerdings so schauerlich, dass der Papst sich nicht in die Stadt zurücktraut und schließlich im Exil stirbt.

Nunmehr unangefochten kann Heinrich in Deutschland relativ friedlich regieren. Dabei stützt er sich vor allem auf die loyalen rheinischen Städte wie Worms und Speyer. So wie unter Konrad II. der niedrige Adel zum neuen Machtfaktor wurde, sind es unter Heinrich IV. die Städte.

Vater gegen Sohn

Doch die Päpste haben Heinrich nicht vergeben. 1093 zettelt die Vatikan-Clique einen Aufstand in der Lombardei an und zieht Heinrichs Sohn Konrad mit der italienischen Königskrone auf ihre Seite. Da seine Gegner auch noch die Alpenpässe sperren, sitzt Heinrich vier Jahre lang in der Gegend von Verona fest, bis die feindliche Allianz endlich zerbricht. 1104 erhebt sich dann des Kaisers zweiter Sohn Heinrich, ebenfalls mit päpstlichem Segen. Der Bürgerkrieg endet erst, als Heinrich IV. nach zwei Jahren stirbt.

Die Kirche jedoch wird auch mit Heinrich V. nicht glücklich. Er ist ein Machtmensch und führt die Konfrontationspolitik seines Vaters fort. Am Ende einigt man sich im »Wormser Konkordat«. Die Geistlichkeit wählt ihre Bischöfe und Äbte selbst, doch der König entscheidet über die Beleihung mit dem kirchlichen Lehensgut. Ein missliebiger Würdenträger bleibt also arm. Die deutschen Könige behalten de facto die Macht, doch ihr Renommee hat schwer gelitten. Im 11. Jahrhundert beginnt Frankreich, das kulturell immer noch die Nase vorn hat und sich weit eleganter mit dem Papst arrangiert, dem deutschen Reich den Rang abzulaufen.

Die Agrar-Revolution

Die Klöster, Dörfer und königlichen Fronhöfe (Domänen) der Karolingerzeit muss man sich zunächst als einsame Flecken mitten im Wald vorstellen. Ab der Mitte des

Kleine Bauern

Im frühen Mittelalter sind 90 Prozent aller Menschen Bauern. Ständige Hungersnöte führen dazu, dass sie im Schnitt 10–15 Zentimeter kleiner sind als die nach heutigen Begriffen normal gewachsenen Adeligen. Die wenigsten Männer erleben ihren 40. Geburtstag, Frauen sterben, von zahlreichen Geburten und harter Feldarbeit geschwächt, oft noch früher. Dagegen werden Päpste, die weder Krieg noch schwerer Arbeit ausgesetzt sind, schon einmal 90 Jahre alt.

Ein Bauernpaar beim Tanz (Stich von Albrecht Dürer)

11. Jahrhunderts jedoch revolutionieren technische Neuerungen die Landwirtschaft. Der Räderpflug, die Egge, das Stirnjoch für Ochsen, das Kummet für Pferde und mehr eisernes Gerät erlauben plötzlich eine viel effektivere Landwirtschaft. Überall wird Wald gerodet, und neue Dörfer entstehen, deren Namen oft Silben wie »-roda«, »-rieth«, »-loh«, »-brand«, »-hagen«, »-schlag« oder »-scheid« aufweisen. Zusammenhängende Wälder wie der Spessart, der Solling oder der Harz bleiben nur bestehen, weil die Fürsten ihre Jagdgebiete nicht verlieren wollen und diese vor der Zersiedelung schützen. Durch die Ausweitung der Ackerfläche setzt sich die so genannte Dreifelderwirtschaft durch. Nach dem Anbau von Wintergetreide (Weizen, Roggen) und Sommerfrüchten (Gerste, Hafer, Hülsenfrüchte, Kohl) liegen die Felder im dritten Jahr brach und können sich regenerieren. Bis zur Mitte des 14. Jahrhunderts steigt die Bevölkerung von schätzungsweise 5 auf 15 Millionen Menschen.

Trügerischer Höhepunkt – die Staufer

Eigentlich hatte Heinrich V. seinen Neffen, den schwäbischen Herzog Friedrich den Einäugigen, als Nachfolger vorgesehen und ihm auch den salischen Grundbesitz vermacht. Doch der Mainzer Erzbischof Adalbert setzt die Wahl des kirchentreueren sächsischen Herzogs Lothar III. durch. Lothar wiederum wünscht seinen Schwiegersohn Heinrich den Stolzen aus dem Geschlecht der Welfen als Erben. Doch der Herzog von Bayern und Markgraf über Tuscien und Verona, der nun auch noch Sachsen bekommt, ist den Fürsten viel zu mächtig. Sie wählen Konrad von Staufen, den Bruder des einäugigen Friedrich, zum König. Damit kommt die Familie an die Macht, die das romantische Bild des Mittelalters am meisten geprägt hat.

Staufer und Welfen

Selbstverständlich ist Heinrich der Stolze beleidigt. Doch als der Welfe Konrad die Anerkennung verweigert, verfällt er der Reichsacht. Offiziell wird Albrecht der Bär Herzog von Sachsen und Leopold von Babenberg Herzog von Bayern. Faktisch herrscht in beiden Ländern Bürgerkrieg, bis Heinrich stirbt. Seine Witwe nimmt Konrads Angebot an, auf Bayern zu verzichten, wenn ihr Sohn Heinrich der Löwe nur Sachsen wiedererhält. Als Konrad stirbt, bestimmt er nicht seinen jungen Sohn, sondern seinen

> **Die Staufer**
>
> Konrad III., 1093–1152, König ab 1138
> Friedrich I. Barbarossa, 1122–1190, König ab 1153, Kaiser ab 1155
> Heinrich VI., 1165–1197, König ab 1169, Kaiser ab 1191
> Philipp v. Schwaben, um 1179–1208, König ab 1198
> Friedrich II., 1194–1250, König ab 1212, Kaiser ab 1220
> Heinrich (VII.), 1211–1242, König von 1220–1235
> Konrad IV., 1228–1254, König ab 1237

Friedrich Barbarossa wirft sich vor seinem Cousin Heinrich dem Löwen auf die Knie

Neffen Friedrich Barbarossa, dessen Mutter eine Welfin ist, zum Erben. Barbarossa gibt seinem Cousin Heinrich auch Bayern zurück.

Doch die Versöhnung funktioniert nicht auf Dauer. Barbarossa hat wenig eigenes Hausgut und kaum noch Privilegien zu vergeben. Um politisch handlungsfähig zu werden, beschließt er, seinen Anspruch auf Abgaben in der reichen Lombardei durchzusetzen. Zwischen 1154 und 1177 unternimmt er fünf verheerende Italienzüge.

1176 bittet Barbarossa seinen Cousin Heinrich um Waffenhilfe. Doch der Löwe hat nicht vor, seine gut gehenden Geschäfte in Deutschland für Friedrichs italienische Abenteuer zu unterbrechen, und lehnt ab. Als der Kaiser sich vor ihm auf die Knie wirft, fordert er als Preis für seine Unterstützung die Reichsstadt Goslar mit ihren reichen Silberbergwerken.

FÜR BESSERWISSER

Albtraum Italien

In Italien belagert Friedrich Barbarossa monatelang einzelne Städte, verliert tausende von Rittern durch die Malaria und muss sich sogar den Rückweg über die Alpen freikämpfen. Selbst Kaiserin Beatrix soll da zum Schwert gegriffen haben. Außerdem eskaliert die Grausamkeit. Bei der Belagerung Mailands zelebrieren Kaiser wie Städter monatelang ein öffentliches Foltern aller Gefangenen.

Das wiederum lehnt Friedrich empört ab. Kaum hat er sich dank seines diplomatischen Geschicks doch noch in Italien durchgesetzt, nutzt er den erstbesten Vorwand, um über den Cousin die Reichsacht zu verhängen. Unter den sächsischen Adeligen hat sich Heinrich so viele Feinde gemacht, dass Barbarossa sie leicht auf seine Seite ziehen kann. Sachsen wird geteilt, der Westen fällt als Herzogtum Westfalen an die Erzbischöfe von Köln, der Osten an Bernhard von Anhalt. Die Mitte Braunschweig-Lüneburg erhält Heinrich nach dreijähriger Verbannung wieder. Bayern bekommt Otto von Wittelsbach.

Ritter, Städte, Burgen

In Deutschland hat Friedrich Barbarossa mehr Glück. Das 12. Jahrhundert hat unser Bild vom Mittelalter geprägt. Jetzt erst werden die stolzen Burgen gebaut. Das erste Turnier auf deutschem Boden halten die Staufer 1127 in Würzburg ab. Aber auch Städte und Märkte entstehen in dieser Zeit in großer Zahl. Das Handwerk, aber noch mehr der Handel, der bisher im internationalen Vergleich ziemlich dürftig war, erlebt einen großen Aufschwung. Barbarossa führt mit einem einheitlichen Münzwesen eine Geldwirtschaft nach italienischem Vorbild ein und legt in einer Friedensverfassung erstmals Strafen unabhängig vom Stand des Verurteilten fest.

1156 heiratet der Kaiser in Würzburg mit großem Prunk Beatrix, die reiche Erbin von Burgund, das damals von Basel bis zur Côte d'Azur reichte und seit 1033 zum deutschen Reich gehörte.

Im 12. Jahrhundert wurden in Deutschland die meisten Burgen gebaut, beispielsweise die Burg Eltz

Für Besserwisser

Public Relations im Mittelalter

Karl der Große und Friedrich Barbarossa sind auch deshalb die populärsten unter den deutschen Kaisern, weil sie hervorragende Biografen hatten: Karl der Große den Mönch Einhard (»Vita Caroli Magni«), Barbarossa seinen Onkel, den Bischof Otto von Freising (»Gesta Friderici«).

Heinrich VI.

Barbarossas außenpolitisches Pech bleibt ihm treu. 1190 schließt er sich dem dritten Kreuzzug an. Doch nachdem er sich mit seinem Heer mühsam durch fast ganz Anatolien gekämpft hat, ertrinkt er beim Baden im Fluss Saleph.

Sein Sohn Heinrich VI. ähnelt eher Heinrich dem Löwen: skrupellos, aber sehr erfolgreich. Sein Reich reicht von Husum bis Sizilien, von Marseille bis Stettin, von Brügge bis Slowenien. 1192 kidnappt er den vom Kreuzzug heimkehrenden englischen König Richard Löwenherz und hält ihn fast zwei Jahre gefangen. Währenddessen kassiert er von Richards Bruder Johann Ohneland und vom französischen König für jeden Monat, den ihnen Richard aus dem Weg ist, eine ordentliche Summe und später ein gigantisches Lösegeld von Richard selbst. Danach dichteten die Troubadoure Europas Lieder auf »den bösen Kaiser«, sein »verruchtes, dem Christentum ganz entfremdetes Land« und sein »rohes Volk«.

Heinrichs Pläne, das deutsche Wahlkönigtum durch eine Erb-

➤ Die Ritter

Um Ritter zu werden, musste man kein Adeliger und nicht einmal ein Freier sein. Gerade im Umkreis des Königs und mächtiger Fürsten stiegen viele Unfreie, die ihrem Herrn besondere Dienste leisteten, zu Rittern, so genannten Ministerialen, auf. Im 12. Jahrhundert beginnen Ministeriale und altadelige Ritter zu einer Schicht zusammenzuwachsen. Ab 1200 werden dann keine Außenseiter mehr aufgenommen. Ritter darf sich nur noch nennen, wer von Rittern abstammt. Viele Ritter nennen sich nun nach ihrer Burg, aber auch im Volk kommen Familiennamen auf.

monarchie wie in England und Frankreich zu ersetzen und seinen Bruder Philipp über dessen byzantinische Gattin auf den Thron von Konstantinopel zu bringen, scheitern an seinem frühen Tod.

Der Märchenprinz

Heinrichs Tod 1197 führt in Deutschland zu zehn Jahren Bürgerkrieg. Ein Teil der Fürsten wählt seinen Bruder Philipp von Schwaben, die anderen Otto, den Sohn des Löwen. Doch dann wird Philipp ermordet, und die Stauferpartei, die einen neuen Kandidaten braucht, erinnert sich, dass in Sizilien Heinrichs sechzehnjähriger Sohn Friedrich lebt. Als dieser im Jahr 1212 in Konstanz einzieht, gewinnt der junge und schöne Prinz aus dem Süden die Herzen der Menschen im Sturm. Seine Macht aber wird letztendlich erst durch eine Nieder-

Lesetipps

In der Stauferzeit können die Deutschen erstmals mit großer Literatur aufwarten, vor allem mit Ritter-Epen wie »Parzival« von Wolfram von Eschenbach, »Tristan« von Gottfried von Straßburg, »Erec« und »Der arme Heinrich« von Hartmann von Aue sowie das Nibelungenlied. Sehr beliebt ist auch ein Singspiel über einen fiktiven »Sängerkrieg auf der Wartburg«. Ebenso poetisch wie politisch dichtet Walther von der Vogelweide. Aber selbst Kaiser Heinrich VI. und sein Sohn Friedrich II. haben Liebeslieder geschrieben. »E ich mich ir verzige, ich verzige e der krone« (Eh ich auf sie verzichte, verzichte ich eher auf die Krone), dichtete Heinrich nicht ganz glaubhaft seine »Süeze« an.

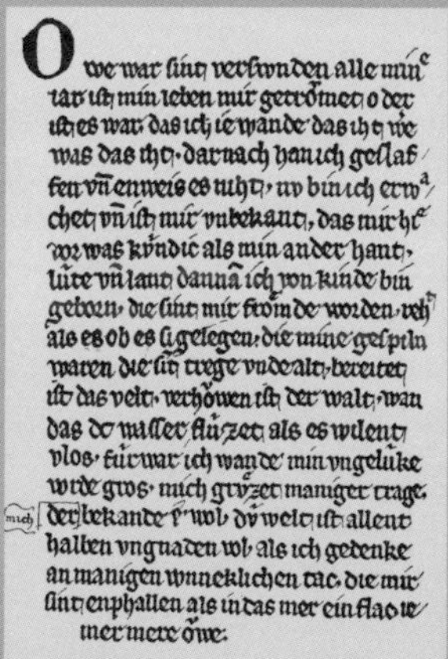

Strophe eines Liedes Walthers von der Vogelweide aus der großen Heidelberger Handschrift

lage Ottos auf Seiten der Engländer im Krieg gegen die Franzosen gesichert.

1220 wird Friedrich II. zum Kaiser gekrönt und lässt sich anschließend in Sizilien nieder. In Deutschland regieren zunächst der Erzbischof von Köln und Herzog Ludwig I. von Bayern, ab 1228 dann Friedrichs Sohn Heinrich (VII.). Von ihrem eigentlichen Herrscher hören die Deutschen nur fantastische Geschichten: von seinem Harem, seiner sarazenischen Leibgarde, seiner liberalen Geisteshaltung, seiner großen wissenschaftlichen Neugier und dem Versuch, aus Unteritalien einen Musterstaat zu machen.

Heinrich (VII.) versucht unterdessen, sich mit dem niederen Adel und den Stadtbewohnern gegen die Reichsfürsten zu verbünden. Doch sein Vater nötigt ihn zu Zugeständnissen gegenüber den Fürsten. Als Heinrich sich auflehnt, wird er abgesetzt und gegen seinen Bruder Konrad IV. ausgetauscht. Friedrichs prächtiges Gefolge mit sarazenischen Reitern und Bogenschützen, riesigen Sudanesen, einem Kampfelefanten, Kamelen, Leoparden und Löwen beeindruckt die Deutschen derart, dass ihm niemand ernsthaften Widerstand leistet.

Friedrichs Enkel Konradin (hier auf der Falkenjagd) war das letzte Opfer des Krieges zwischen Papst und Staufern

Das Ende

Auch Friedrich II. unternimmt einen Kreuzzug – obwohl er vom Papst gebannt ist. Die christlichen Machthaber in Syrien und Palästina haben Anweisung, dafür zu sorgen, dass der Kaiser nie in Jerusalem ankommt. Doch sie wissen nicht, dass Friedrich, der fließend Arabisch spricht, bereits mit Sultan al-Kamil die friedliche Übergabe der Stadt vereinbart hat. Im März 1229 setzt Friedrich sich in der leeren Grabeskirche selbst die Krone von Jerusalem auf.

Unterdessen streuen die Anhänger des Papstes in Sizilien das Gerücht, Friedrich II. wäre tot, und beginnen das Land zu erobern. Damit beginnt ein unbarmherziger Vernichtungskrieg zwischen Papst und Staufern. Nach Friedrichs Tod 1250 werden auch alle seine Nachkommen verfolgt – egal, ob ehelich oder unehelich –, zuletzt wird sein Enkel Konradin im Jahr 1268 auf dem Marktplatz von Neapel hingerichtet.

Während der Süden von Deutschland auf Seiten der Staufer bleibt, wählen die rheinischen Kirchenfürsten Gegenkönige, die jedoch immer weniger Bedeutung haben: Heinrich Raspe, den Landgrafen von Thüringen, den Grafen Wilhelm von Holland und den englischen Prinzen Richard von Cornwall. De facto fällt Deutschland dadurch in viele einzelne Kräfte auseinander.

➤ Der Kreuzzug der Armen

Der deutsche Adel spielte insgesamt bei den Kreuzzügen keine große Rolle. Konrad III. nahm zwar an der zweiten »Wallfahrt in Waffen« teil, scheiterte aber kläglich vor Damaskus. Doch beim ersten Kreuzzug 1096 brachen neben französischen und normannischen Rittern auch zwei Bettlerheere auf. Das eine stammte aus Südfrankreich, das andere aus der Gegend Rheinland–Lothringen–Flandern – beides Regionen, in denen es kurz zuvor Hungersnöte gegeben hatte. Getreu dem Grimm'schen Märchenmotto »Etwas Besseres als den Tod findet man überall« wollten die Menschen zumindest das versprochene ewige Seelenheil, vielleicht aber auch eine Verbesserung der irdischen Verhältnisse erlangen. Diese Haufen plünderten im Rheinland und in Süddeutschland Städte und metzelten vielerorts die jüdische Bevölkerung nieder. Irgendwo in Kleinasien wurden sie dann jedoch selbst von den Türken aufgerieben und in die Sklaverei verkauft.

Heinrich der Löwe

Heinrich der Löwe gehörte zu den Menschen, die ihren eigenen Vorteil stets sehr genau im Auge haben. Unter fadenscheinigen Vorwänden und sehr konkreter Gewaltandrohung schlägt er immer mehr Ländereien in Sachsen seinem persönlichen Hausgut zu. Manche sächsischen Erben werden dadurch ins Elend getrieben, doch Norddeutschland an sich profitiert von seiner Herrschaft, denn Heinrich ist vor allem ein guter Wirtschaftspolitiker. Er fördert die Kaufleute, den Städtebau und den Handel. Er knüpft Beziehungen zu den Kaufmannsgilden in Holland, England, Dänemark, Schweden, Polen und Kiew. In Visby auf Gotland dürfen sächsische Kaufleute im Gegenzug für Privilegien, die Heinrich gotländischen Kaufleuten in Sachsen gewährt, eine Kolonie mit eigenem Recht und eigenem Vogt gründen.

Heinrich der Löwe, Herzog von Sachsen und Bayern

Als sein Freund Adolf II. von Schauenburg mit ihm nicht den Ertrag der florierenden Slawensiedlung »Liubeke« (Schöner Ort) teilen will, drangsaliert er die Kaufleute so lange, bis sie abwandern. Schließlich übergibt ihm Adolf das verödete Land und Heinrich baut Lübeck wieder auf.

Doch Sachsen ist Heinrich zu klein und so nimmt er sich den Osten vor. Die Marken Brandenburg und Meißen waren von Kaiser Lothar III. bereits als unabhängige Grafschaften an Albrecht den Bären und Konrad von Wettin übergeben worden, Mecklenburg jedoch wird von slawischen Fürsten beherrscht. Anfang des 11. Jahrhunderts hatte Adalbert von Bremen, der Vormund Heinrichs IV., in Zusammenarbeit mit dem Obotritenfürst Gottschalk die Bistümer Mecklenburg und Ratzeburg gegründet. Doch als der deutsche Adel den zu mächtig gewordenen Adalbert 1066 stürzte, kam es zu einer Erhebung der

und die Erschließung des Ostseeraums

heidnischen Fraktion, die Adalberts Missionswerk restlos vernichtete. 1147 jedoch ist mit Niklot wieder ein Fürst an der Macht, der auf gute Beziehungen zu den deutschen Nachbarn Wert legt.

Da kommt Heinrich auf die Idee, sich dem zweiten Kreuzzug zu entziehen, indem er gegen die heidnischen Slawen zieht. Eher zähneknirschend gibt der Papst seinen Segen dazu. Mehrere deutsche und dänische Fürsten und Bischöfe schließen sich an. Der so genannte Wenden-Kreuzzug erschöpft sich dann in wirren Plünderungen auch bereits christlicher Gebiete und einer scheinbaren Unterwerfung der Obotriten.

Doch danach nimmt Heinrich das Land langsam in Besitz, setzt Markgrafen ein und stellt die alten Bistümer wieder her. Es ist die alte Ostpolitik der früheren Jahrhunderte, nur dass ein Herzog, nicht der Kaiser, sie durchführt. Allerdings hat Heinrich die Duldung Barbarossas, der den Frieden mit dem Welfen für seine Politik braucht. Neu ist auch, dass die Fürsten – Albrecht in Brandenburg und Konrad in Meißen ebenso wie Heinrich – nun möglichst viele deutsche Siedler in die Marken holen.

1158 schließt Heinrich ein Bündnis mit dem dänischen König Waldemar, dessen Land von Piratenzügen der Obotriten geplagt wird. 1160 starten Heinrich und Waldemar einen grausamen Vernichtungsfeldzug. Vier Jahre später ist jeglicher Widerstand der Obotriten erloschen.

Waldemar möchte auch Pommern erobern. Heinrich jedoch schließt einen vorteilhaften Frieden mit den Pommernfürsten und organisiert zwischen Warnow und Elbe den Wiederaufbau. Was ihm gehört, das behandelt er gut. Ostholstein und Mecklenburg werden ein florierendes Land. Die Zwangstaufe der Slawen, die Heinrich im Gegensatz zu Albrecht in Brandenburg verlangt, führt zu einer schnelleren Vermischung der slawischen und deutschen Bevölkerung. Niklots Sohn Pribislaw erhält einen großen Teil Mecklenburgs als Lehen, sein Sohn Heinrich Borwin eine – allerdings uneheliche – Tochter des Löwen zur Frau.

Viele neue Kräfte – vom Interregnum zu den Luxemburgern

Als Interregnum oder »die kaiserlose, die schreckliche Zeit« wird die Epoche nach dem Tod des letzten Staufers bis zur Wahl Rudolfs I. von Habsburg im Jahr 1273 bezeichnet. In Wahrheit gibt es die ganze Zeit nominell einen König, aber ein Richard von Cornwall beispielsweise begnügt sich mit einigen Stippvisiten im Rheinland. Währenddessen werden einzelne Fürsten immer selbstständiger. Doch damit setzt sich nur eine Entwicklung fort, die schon viel früher begonnen hatte. Die Kaiser vergaben nach Bedarf so viele Sonderrechte und förderten so viele neue Kräfte, dass die Strukturen des Reiches immer undurchschaubarer wurden. Auch ein Staatsbewusstsein wie in England oder Frankreich gibt es zu dieser Zeit nicht.

Böhmen

Einer der Fürsten, die das Interregnum für sich zu nutzen wissen, ist der König von Böhmen. Das Land ist zwar den Kaisern tributpflichtig, aber nie richtig Teil des deutschen Reiches. Ottokar II. heiratet die Erbin Österreichs, besiegt die Ungarn, erobert Kärnten und Krain und macht Prag und Wien zum kulturellen Zentrum Mitteleuropas. 1273 will er dann König werden. Doch den Kurfürsten ist der Kandidat zu stark. Sie wählen Rudolf von Habsburg aus dem Schweizer Aargau, der prompt von Ottokar Österreich, Kärnten und Krain zurückfordert, da sie Reichslehen sind. Als der Böhmenkönig sich weigert, kommt es zum Krieg. Ottokar fällt im Jahr 1278. Sein Sohn darf Böhmen behalten, Österreich jedoch gibt Rudolf seinen Söhnen zum Lehen.

Rudolf gelingt es, wenigstens einen Teil der königlichen Macht und auch des verloren gegangenen Reichsgutes zurückzuerobern und mit dem Raubritterunwesen der verarmten Kleinadeligen aufzuräumen. Doch sein Sohn Albrecht I. ist den deutschen Fürsten zu sehr auf

Mehrung der Habsburger Hausmacht bedacht. Nach seinem Tod 1308 wählen sie den Grafen Heinrich von Luxemburg, der sowohl deutscher als auch französischer Vasall ist. Keine zwei Jahre später gelingt Heinrich VII. ein dicker Coup: Er kann für seinen Sohn Johann, der mit einer Enkelin Ottokars verheiratet ist, die böhmische Krone sichern. Als im Jahr 1346 nach weiteren Jahrzehnten der Spaltung (Doppelkönigtum von Ludwig dem Bayern und Friedrich dem Schönen von Habsburg) Heinrichs Enkel Karl IV. deutscher König wird, macht er das reiche und gut verwaltete Böhmen zum Kernland seiner Macht.

FÜR BESSERWISSER

Deutsch und Tschechisch

Die Sprachgrenze in Böhmen verlief etwa bei 700 Höhenmetern, denn für die Erschließung der Hochlagen in Böhmerwald, Erz- und Riesengebirge hatten die böhmischen Könige deutsche Siedler ins Land geholt.

Die Hanse

Nicht nur Fürsten werden während des Interregnums stark, sondern auch Kaufleute. Doch ihr Augenmerk gilt nun nicht mehr in erster

➤ Rädern, pfählen, vierteilen

Mitte des 12. Jahrhunderts kommen die »peinlichen« (schmerzhaften) Strafen auf, vorher waren Todesstrafe und Folter unüblich. Verbrechen wurden meist mit dem germanischen Bußgeld bestraft, bei dem die Sippe des Verursachers dem Opfer eine hohe Wiedergutmachung zu zahlen hatte. Von den »peinlichen« Strafen, die bis zum Ende des 13. Jahrhunderts immer drakonischer werden, erhofft man sich einen abschreckenden Effekt – natürlich vergeblich. Nicht unbedingt erfolgreicher ist der Versuch, durch »peinliche Befragung«, sprich Folter, vor Gericht die Wahrheit zu erfahren. Sie löst das »Gottesurteil« ab, zu dem man ab dem 12. Jahrhundert das Vertrauen verlor. Zunächst gilt: Bei der Folter darf kein Blut vergossen werden, und wer sie übersteht, ist frei. Später in der Zeit der Hexenprozesse umgeht man diese Vorschrift, indem man die Folter einfach als »nicht beendet« erklärt, solange das Opfer nicht gestanden hat.

Linie Italien und dem Mittelmeerhandel, sondern dem Ostseeraum. Aus der von Heinrich dem Löwen geförderten Ansiedlung Lübecker Kaufleute auf der schwedischen Insel Gotland entsteht die Hanse. In der ersten Hälfte des 13. Jahrhunderts werden nach diesem Vorbild weitere Handelskolonien gegründet, unter anderem Danzig, Reval, Riga, Rostock, Stockholm, Stralsund und Wismar. Wichtigste Handelsgüter sind Lüneburger Salz, Hering aus Schonen (die Fastenspeise des Mittelalters), flämisches Tuch, polnisches Getreide und russische Pelze. Die Ostseehändler schließen Bündnisse mit den Kaufleuten des Rheinlands, die bereits eine Niederlassung in London haben, und den Flamen in Brügge,

FÜR BESSERWISSER

Was bedeutet »Hanse«?

Hanse ist eine altgermanische Rechtsbezeichnung für eine Schar oder Gruppe. Die Hansekaufleute waren jedoch kein Zusammenschluss im juristischen Sinn, sondern ein eher lockeres Zweckbündnis. »Wenn wi tohep hept stan, hett uns noch nüms was dan!«, war ihre Erkenntnis.

Die Kurfürsten

Irgendwann während des Interregnums erschienen die sieben Kurfürsten auf der Bildfläche, die künftig den deutschen König »kürten«. Wie genau sie zu dieser Aufgabe kamen, weiß man nicht, aber vermutlich hatte die Kirche ihre Finger im Spiel. Denn zu den drei mächtigsten Kirchenfürsten, den Erzbischöfen von Köln, Mainz und Trier, gesellten sich drei nicht ganz so bedeutende weltliche Regenten: der Graf der Pfalz, der Herzog von Sachsen und der Markgraf von Brandenburg. Später kam noch der König von Böhmen dazu. Bereits gegen Ende des 13. Jahrhunderts begannen die Fürsten aus ihrem Privileg Kapital zu schlagen und sich ihre Stimme von den Kandidaten teuer bezahlen zu lassen.

Preußen

Neben Reichsstädten war auch Preußen Mitglied der Hanse, ein von den Rittern des Deutschen Ordens gegründeter und geleiteter, wirtschaftlich potenter, perfekt durchorganisierter Musterstaat. Eigentlich war der Orden 1198 in Jerusalem entstanden, um kranke und verwundete Kreuzfahrer zu pflegen. Doch als die Kreuzzüge im 13. Jahrhundert an Bedeutung verloren, ließen sich die Ordensritter vom polnischen Herzog Konrad von Masowien anwerben, um das benachbarte Gebiet der heidnischen Pruzzen zu »missionieren«, sprich zu erobern. Als der Orden im 15. Jahrhundert jedoch nicht aufhörte, die christlich gewordenen Litauer zu »missionieren«, forderte er das neue Großfürstentum Litauen-Polen heraus und musste nach der Niederlage Westpreußen abtreten.

dem reichsten Handelszentrum nördlich der Alpen. Aus dem Bund der Kaufmannsgilden wird nun Schritt für Schritt ein loser Zusammenschluss von in etwa 30 größeren und 100 kleineren Handelsstädten.

Bei Bedarf agiert die Hanse durchaus auch militärisch. 1358 blockiert sie Flandern, 1370 besiegt sie den dänischen König, der den Sund hat sperren lassen. Später behauptet sie sich gegen England, Frankreich und Spanien. Im 16. Jahrhundert zerbricht das Bündnis an den gegensätzlichen Interessen der Städte und geht im Dreißigjährigen Krieg endgültig unter.

Neue Strukturen

Der städtische Aufschwung beschränkt sich aber nicht nur auf die Hanse. Die größte deutsche Stadt ist Köln mit rund 40 000 Einwohnern. In Hamburg, Lübeck, Magdeburg, Nürnberg und Ulm leben jeweils etwas mehr als 20 000 Menschen. Ab Mitte des 13. Jahrhunderts bilden sich die Patrizier-

FÜR BESSERWISSER

Kahlschlag

Für die Hansekoggen und die Salzsiedereien rund um Lüneburg wird so viel Holz verbraucht, dass es zum völligen Kahlschlag einer ganzen Region kommt: Diese ist heute als Lüneburger Heide ein attraktives Urlaubsziel.

Preußen wurde von Rittern des Deutschen Ordens gegründet

schicht, die meist aus ehemaligen Ministerialen und Kaufmannsfamilien besteht, und die Zünfte heraus. Diese sind Zwangsgemeinschaften, die vom Zugang zu einem Handwerk über die Ausbildung, die Produktion und die Qualität der Produkte alles genau reglementieren.

Überhaupt kommt es im 13. Jahrhundert zu einer sozialen Erstarrung. Jeder soll in »seinem« Stand bleiben. Andererseits sind die Städte wiederum auf ständigen Zuzug angewiesen, weil aufgrund der katastrophalen hygienischen Verhältnisse die Sterblichkeitsrate noch höher ist als die Geburtenrate.

Auch die neuen Mönchsorden der Franziskaner und Dominikaner lassen sich im Gegensatz zu den traditionellen Benediktinerorden in den Städten nieder. Während die Franziskaner sich der Armenfürsorge und Krankenpflege widmen, überträgt Papst Gregor IX. den Dominikanern die Durchführung der 1231 eingesetzten Inquisition ge-

FÜR BESSERWISSER

Agnes und Elisabeth

Die neuen Orden und ihre Ideale üben auf viele Fürstinnen eine große Faszination aus. Nicht nur Elisabeth von Thüringen verschenkt ihr Vermögen an die Armen. Agnes von Böhmen, eine Tante Ottokars II., gründet in Prag drei Klöster. Als ihr der Papst die Gründung eines neuen Frauenordens nicht genehmigt, legt sie aus Protest ihr Amt als Äbtissin der Klarissen nieder und wird einfache Krankenpflegerin.

gen die Ketzer. Obwohl Deutschland von den großen Ketzerbewegungen der Katharer und Waldenser nur am Rande (im Rheinland) gestreift wurde, finden die Inquisitoren auch hier überall Opfer. Heinrich (VII.) versucht vergeblich, sie zu stoppen.

Auf dem Land schließen sich Ansiedlungen zu »Gemeinden« zusammen. Die Fürsten versuchen, ihre Herrschaft in Landesherrschaften umzuwandeln, das heißt alle Herrschaftsrechte wie Justiz, Münzrecht oder Zoll in einer Landschaft in die eigene Hand zu bekommen. Das gelingt vor allem den Markgrafen, die nie Grafen mit eigenen Privilegien unter sich hatten, und den Herzögen von Bayern und Österreich, die konsequent Privilegien einziehen, wenn sich die Möglichkeit dazu ergibt. Bevölkerungsdichte und Wohlstand nehmen von Westen nach Osten stark ab. Die kulturelle Grenze jedoch verläuft zwischen dem niederdeutschen Raum im Norden und dem oberdeutschen im Süden, die sich sowohl in Sprache und Kleidung als auch in ihren Gebräuchen stark unterscheiden.

➤ Die Juden

Bis zum 12. Jahrhundert liegt der europäische Fernhandel weitgehend in der Hand der Juden, da die jüdischen Gemeinden in ganz Europa enge Verbindungen pflegen. Die Kaufleute haben damit überall Anlaufstellen, wo sie Informationen und auch Kredit bekommen. Das relativ gute Verhältnis zu den Christen gerät ins Wanken, als sich Juden, nicht aber Christen in den islamischen Ländern frei bewegen dürfen. 1096 kommt es durch die Kreuzfahrer zu den ersten Pogromen. Auch wenn die Städte in vielen Fällen versuchten, ihre jüdischen Bewohner zu schützen, ist das Klima danach vergiftet und die Zinsverbote für Christen von 1179 und 1215 machen es nicht besser. Ab dem 13. Jahrhundert sind die Juden Außenseiter, auch wenn sie wegen ihrer Steuerkraft von den Herrschern geschützt – und finanziell ausgepresst – werden. Im 14. Jahrhundert jedoch kommt es mit der Pest wieder zu fürchterlichen Pogromen – oft durch stadtfremde Horden –, denen rund 200 von 300 mitteleuropäischen Gemeinden zum Opfer fallen. Scharen von Juden suchen Zuflucht in Polen.

Eine Krise wird ausgesessen – das Spätmittelalter

Im Spätmittelalter ist allen Kräften im Deutschen Reich klar, dass dieses merkwürdige Gebilde mit seinem kaum noch durchschaubaren Gewirr von verschiedenen Rechten, geschaffenen Tatsachen und Gewohnheiten eine Reform dringend nötig hat. Im Endeffekt passiert jedoch wenig. Karl IV. ist der bedeutendste Herrscher des späten Mittelalters. Mit seiner »Goldenen Bulle« wagt er den Versuch einer ersten Verfassung, doch seine Nachfolger können diesen Weg nicht fortsetzen. Teilweise haben sie nicht den Willen, teilweise nicht die Macht oder sie sind mit anderen Problemen beschäftigt. Am Ende des Mittelalters besteht das Reich immer noch – seine Probleme aber auch.

Karl IV.

Die Regierungsjahre Karls IV. sind weitgehend stabil und friedlich. Doch die ersten fünf Jahre sind von der Pest überschattet. Die Seuche löst hysterische Reaktionen aller Arten aus – Frömmigkeit, Ausschweifung, Brutalität. In seinem Stammland Böhmen versucht Karl Exzessen wie Judenpogromen Einhalt zu gebieten. Im Reich beschränkt er sich auf das Kassieren von Bußgeldern.

Einen richtigen Krieg führt Karl nie. Trotzdem besitzt er am Ende ein Viertel des deutschen Reichsterritoriums. Er kauft Gebiete auf, wo es nur geht – und verwendet dazu Reichseinnahmen. Schlesien bekommt er 1355 praktisch ge-

➤ Wichtige Daten

Hundertjähriger Krieg zwischen England und Frankreich: 1339–1453
Regierungszeit Karls IV.: 1347–1378
Erste Pestepidemie: 1347–1352
Regierungszeit Sigismunds I.: 1410–1437
Hussitenkriege: 1419–1436
Regierungszeit Maximilians I.: 1493–1519

Krönung Karls IV. zum König durch den Erzbischof von Köln

schenkt. Da die Herzöge von Liegnitz, Breslau, Oppeln und Glogau, die alle aus Seitenlinien der polnischen Königsfamilie stammen, de facto schon längst engere Verbindungen nach Böhmen als nach Polen pflegen, entlässt König Kasimir sie aus seiner Oberherrschaft. In Frankreich erzogen, ist Karl überzeugt, dass die direkte königliche Kontrolle über das Land eine stabilere Regierungsgrundlage ist als das alte Lehenssystem.

Mit Prag, das er zur »Goldenen Stadt« ausbaut, installiert er zum ersten Mal so etwas wie eine Hauptstadt im Reich – auch wenn sie nicht auf dem Reichsterritorium liegt.

Doch Karl ist auch Realist. Davon zeugt seine »Goldene Bulle« von 1356, ein Dokument mit goldenen Siegeln. In 31 Kapiteln schreibt sie fest, wie künftig eine Königswahl zu erfolgen hat. Damit gibt es zum ersten Mal verbindliche Regeln für

➤ Der Schwarze Tod

Die Pest wird durch Handelschiffe nach Europa eingeschleppt. Bei der ersten großen Epidemie sterben rund 30 Prozent der europäischen Bevölkerung. In manchen Gegenden, vor allem in Städten, sind es bis zu zwei Drittel. Seltsamerweise bleiben einige Landstriche verschont: Teile von Brandenburg, Meißen, der Lausitz, Franken, Böhmen und Polen. Doch in den nächsten 100 Jahren flammt die Seuche immer wieder auf. Erstaunlicherweise werden danach jedoch die alten sozialen Verhältnisse wiederhergestellt, auch die Bevölkerung wächst durch einen Babyboom schnell wieder.

Für Besserwisser

Gepfändete Oberpfalz
1373 kauft Karl IV. den bayerischen Wittelsbachern die Mark Brandenburg für 500 000 Gulden ab. Er zahlt jedoch nur 400 000 und verpfändet dafür die durch Heirat erworbene Oberpfalz an Bayern. Da die Restsumme nie bezahlt wurde, gehört die Oberpfalz noch immer zu Bayern. Mit Brandenburg aber werden 1415 die Burggrafen von Nürnberg aus dem Haus Zollern belehnt.

den Wahlmodus. Karl stärkt damit zwar die Rolle der Kurfürsten – aber eben nur der Kurfürsten, die immerhin eine überschaubare Größe darstellen. Auch das Fehdewesen wird in der Bulle reguliert, Versammlungen, die die öffentliche Ordnung stören, werden untersagt.

Dieser Passus hätte auch für den »Schwäbischen Städtebund« gegolten, eine Gemeinschaft von Reichsstädten, die sich dagegen wehren, von Karl an Fürsten verpfändet zu werden und so kleinen Landesfürsten ausgeliefert zu werden. Aber die Städte siegen und Karl muss ihnen 1377 die Reichsfreiheit garantieren. Opfer sind die baden-württembergischen Bauern, deren Dörfer nach dem im Mittelalter allgemein üblichen Prinzip der verbrannten Erde vom kaiserlichen Heer verwüstet wurden. Unter Karls Sohn Wenzel, einem schwachen Alkoholiker, gründen sich dann weitere Städtebünde und als Antwort darauf Ritterbünde. Schließlich artet das Ganze zum Bürgerkrieg aus, der erst 1389 mit dem Reichslandfrieden von Eger beendet wird.

Die Hussitenkriege

Als Karls zweiter Sohn Sigismund den Thron besteigt, hoffen alle auf eine Fortführung der Reformen. Doch Sigismund hat zwei Probleme. Die ersten vier Jahre seiner Regierung verbringt er damit, Ungarn, das Erbe seiner Frau (eigentlich hätte er Polen haben wollen),

Für Besserwisser

Die Universitäten
Ein Schutzprivileg Kaiser Barbarossas förderte ab 1158 in ganz Europa den Bau von Universitäten – nur in Deutschland und im Osten nicht. Hier war man offenbar noch mit den alten Domschulen, die oft ein sehr hohes Niveau hatten, zufrieden. Erst unter Karl IV. werden in Köln, Erfurt, Heidelberg, Prag, Krakau und Wien die ersten Unis gegründet.

Belehnung des Burggrafen Friedrich von Nürnberg durch Kaiser Sigismund

gegen Einfälle der Türken zu verteidigen.

An seinem zweiten Problem ist der marode Zustand der Kirche schuld. Von 1309 bis 1324 lassen sich die Päpste von den französischen Königen in Avignon gefangen halten, dann bietet die Kirche keinen Schutz gegen die Pest, 1378 beginnt wieder einmal ein Schisma mit zwei bis drei Päpsten gleichzeitig. Kirchenkritik regt sich allerorten, aber nicht jede bewegt sich im Rahmen der kirchlichen Dogmen, wie zum Beispiel die des Jan Hus in Prag.

Sigismund versucht die Probleme zu lösen, indem er 1414 in Konstanz das größte Kirchenkonzil des Mittelalters mit rund 700 geistlichen und ebenso vielen weltlichen Würdenträgern einberuft. Auf der Tagesordnung stehen die Beendigung des Schismas, die gelingt, die innere Reform der Kirche, die in vagen Absichtserklärungen stecken bleibt, und das Hussitenproblem. Dieses wird gelöst, indem man Jan Hus als Ketzer verbrennt, obwohl Sigismund ihm freies Geleit zugesichert hat.

Als Reaktion brechen die Hussitenkriege los. Zum ersten Mal spielt Nationalismus in einem mittelalterlichen Konflikt eine Rolle. Die Hussiten vertreiben alle Deutschen aus den böhmischen Städten. Volksheere ziehen plündernd durch Brandenburg, Meißen, Sachsen und Franken. Erst 1433 gelingt Sigismund ein Abkommen mit den gemäßigten Hussiten, indem er de-

FÜR BESSERWISSER

Sachsen wird Sachsen
1423 sterben die Kurfürsten von Sachsen-Wittenberg aus und Kaiser Sigismund gibt das Land an Friedrich den Streitbaren von Meißen. Damit kommen endlich der Name »Sachsen« und die Region, die heute so heißt, nämlich die ehemalige Markgrafschaft Meißen, zusammen.

ren religiösen Forderungen teilweise nachgibt.

Die Habsburger

Nach Sigismunds Tod fallen Böhmen und Ungarn über Sigismunds Tochter an die Habsburger. 1140 wird mit Friedrich III. wieder ein Mitglied dieser Familie König und bleibt es 53 Jahre lang, so lange wie kein anderer deutscher Herrscher. Politisch tut er fast gar nichts, als Kuppler aber ist er ein Genie. Seinem Sohn Maximilian sichert er Maria, die Erbin des reichen Burgund – ein zerstückeltes Gebiet, zu dem außer der heutigen Bourgogne auch noch die Beneluxländer und einige kleinere Territorien gehörten. Sein Enkel Philipp wird an Johanna die Wahnsinnige verschachert, die Erbin Spaniens.

Die Macht im Reich liegt jedoch einmal wieder in den Händen der Fürsten. Die Fürsten von Bayern, Hessen und Kleve werden fast so bedeutend wie die Kurfürsten. Insgesamt ist der Stand der Verwaltung und Justiz in den überschaubaren deutschen Kleinreichen inzwischen höher als zum Beispiel in Frankreich oder England – selbst wenn man die Verwüstungen durch den Hundertjährigen Krieg nicht mitberücksichtigt.

Friedrichs Sohn Maximilian, genannt »der letzte Ritter«, ist ein Romantiker, aber er bemüht sich um Reformen. 1495 ruft er die Reichsstände (Kurfürsten, Reichsfürsten und Reichsstädte) zu einem Reichstag in Worms ein. Beschlossen wird ein ewiger Landfrieden, der jede Fehde verbietet, die Ein-

FÜR BESSERWISSER

Schule als Chance
Anfang des 15. Jahrhunderts kommen in den Städten neben den üblichen Lateinschulen auch erste »Deutsche Schulen« auf, in denen die Söhne und manchmal auch Töchter von Handwerkern Lesen, Schreiben und etwas Rechnen lernen. Sie werden entweder städtisch oder privat betrieben.

Der Romantiker Maximilian I., Sohn Friedrichs III., wurde »der letzte Ritter« genannt

berufung eines Reichsheeres und die Einrichtung eines ständig tagenden Reichsgerichtes. Außerdem soll erstmals eine allgemeine Steuer erhoben werden, doch das funktioniert nicht. Dem Reichstag wird die oberste Gewalt zugestanden, faktisch ist das Interesse der Reichsstände an gemeinsamen politischen Entscheidungen allerdings nicht sehr groß.

FÜR BESSERWISSER

Verklärte Vergangenheit

Die Humanisten, die gegen Ende des 15. und Anfang des 16. Jahrhunderts dem antiken Bildungsideal wieder auf die Sprünge helfen wollen, entdecken unter anderem Tacitus' »Germania«. Daraufhin kommt es in Deutschland zu einer Verklärung der angeblich so lauteren Sitten der Vorväter. Wie Rom und Griechenland möchte man ebenfalls eine »klassische Vergangenheit«. Dabei wird die fiktive germanische Sittlichkeit mit der völlig ungermanischen Vorstellung von einem einigen Reich verknüpft.

➤ Der Osten

Bis 1500 entstehen in Osteuropa rund 1000 Städte nach deutschem Recht. Die ersten werden von deutschen Auswanderern gegründet, später übernehmen auch slawische Gründungen das deutsche, vorzugsweise Magdeburger Stadtrecht. Insgesamt siedeln sich wohl rund eine halbe Million Deutsche jenseits der Elbe an. Dadurch wird die slawische Bevölkerung aber nicht vertrieben, denn die Einwanderer erhalten Land, das bisher noch niemand urbar machen wollte – dafür aber die Freiheit. Zwischen Elbe und Oder setzt sich bis zum 15. Jahrhundert fast überall die deutsche Sprache durch. Am längsten hält sich das Slawische in der Altmark, auf Rügen und in der Lausitz, wo heute noch sorbisch gesprochen wird.

Die Neuzeit – Deutschland wird pluralistisch

Die Zeitenwende, die sich im 16. Jahrhundert vollzieht, kann durch zwei Personen charakterisiert werden: Martin Luther und Karl V. Der Enkel und Erbe von Kaiser Maximilian, der 1500 zur Welt kommt, ist zwar als König von Spanien auch Herr über halb Süd- und Mittelamerika, aber politisch noch ganz dem Mittelalter verhaftet. Er träumt von der Wiederherstellung eines universalen Kaisertums. Der 17 Jahre ältere Luther dagegen erkennt: So wie bisher kann es nicht weitergehen. Mehr noch als der Kaiser hat die Kirche versagt – gemessen an den Erwartungen der Gläubigen und ihrem eigenen Anspruch. Damit wird die Vorstellung begraben, eine einzige Institution könne eine Wahrheit vertreten.

Jan Hus und andere Reformatoren scheiterten noch, doch als Luther auftritt, ist die Zeit endgültig reif für Veränderungen. Dabei hilft ihm ausgerechnet etwas, das gegen Ende des Mittelalters noch als Schwäche des deutschen Reiches gesehen wurde: seine Zersplitterung. Martin Luther wird nicht als Ketzer verbrannt, weil es in der vielfältigen politischen Landschaft Deutschlands Kräfte gibt, die ein Interesse daran haben, ihn zu schützen.

Die Verhältnisse ändern sich – Reformation und Bauernkrieg

1513 wird mit Leo X. ein Vertreter des geschäftstüchtigen Hauses Medici Papst. Um den Bau des neuen Petersdoms zu finanzieren, verfällt er auf die Idee, den üblichen Ablasshandel noch zu verstärken. Damit die jeweiligen Landesherren mitziehen, soll ihnen die Hälfte der Einnahmen zufallen. Das kommt vor allem Albrecht von Brandenburg, dem Erzbischof von Magdeburg und Mainz, zugute. Denn um seine Ämter zu kaufen, musste er sich beim Bankhaus Fugger in Augsburg hoch verschulden. Er engagiert den besonders geschäftstüchtigen Dominikanermönch Johannes Tetzel. Doch 1517 kommt es zu einem folgenschweren Zusammenstoß mit einem Augustinermönch.

Der Dominikaner Johannes Tetzel war bekannt für seinen Ablasshandel

Luther wird aktiv

Auf die Frage, wie es um Gottes Gerechtigkeit in einer offensichtlich ungerechten Welt bestellt ist, kommt Martin Luther auf den Begriff der »Gnade«. Alles hängt von der Gnade Gottes ab und allein durch seinen Glauben, nicht durch fromme Werke, nicht durch den Papst und schon gar nicht durch die Zahlung von Ablass, wird der Mensch ihrer teilhaftig. Man weiß nicht genau, ob Luther die 95 Thesen, zu denen das Geschacher des Johannes Tetzel ihn provozierte, wirklich wütend an die Kirchentür von Wittenberg nagelte – jedenfalls verbreitete er sie und lud zu einer akademischen Diskussion ein.

Doch daraus wird nichts, denn die Dominikaner verklagen Luther

Während seiner Schutzhaft auf der Wartburg übersetzte Martin Luther die Bibel erstmalig ins Deutsche

in Rom. Der Legat des Papstes zitiert ihn vor den Reichstag in Augsburg, aber Luther verweigert den Widerruf. Leo X. zögert. Der Grund: Kaiser Maximilian ist tot, und Leo hätte gerne den französischen König Franz I. als neuen Kaiser, nicht Maximilians Enkel Karl V. Dafür braucht er jedoch Luthers Landesfürsten, Friedrich III. von Sachsen. Als Leo Luther 1520 exkommuniziert und Karl V. ihn ein Jahr später auf dem Reichstag von Worms ächtet, ist es bereits zu spät. Obwohl jedem die Reichsacht droht, der Luthers Schriften liest, kauft, behält oder druckt, ist die Reformation nicht mehr zu stoppen. Während Luther von Friedrich III. auf der Wartburg in Schutzhaft gehalten wird und mit seiner Bibelübersetzung ins Deutsche die Grundlage für eine einheitliche, neuhochdeutsche Schriftsprache schafft, ist das Land in Aufruhr. Luthers Lehre vermischt sich mit sozialen Bewegungen. Es kommt zu Bildersturm, Wiedertäuferei und der Bildung eines militanten, »demokratischen Gottesstaates« in Mühlhausen durch Thomas Müntzer.

1526 vertagt der Reichstag von Speyer das Problem. Bis zu einem kirchlichen Konzil soll jeder Fürst handeln »wie ein jeder solches ge-

FÜR BESSERWISSER

Gut gepokert

Die deutschen Kurfürsten ließen sich ihre Stimmen von Karl V. mit über 850 000 Gulden abkaufen, die der zum Großteil vom Bankhaus Fugger leihen musste. Wahrscheinlich hätten sie ihn aber auch für weniger gewählt, da ihre Vorbehalte gegen den Papst und Franz I. beträchtlich waren. Außerdem rangen sie Karl noch beträchtliche politische Zugeständnisse ab.

FÜR BESSERWISSER

Bestseller

1521 sind schon eine halbe Million Abdrucke von Luthers Schriften verbreitet. 1525, so schätzt man, hat ein Drittel aller Lesekundigen eine Lutherbibel. Zum ersten Mal entfaltet der Druck mit beweglichen Lettern, den Johannes Gutenberg 1445 erfand, sein revolutionäres Potenzial. Wenig später werden die Schriften der aufständischen Bauern verbreitet.

gen Gott und Kayserl. Majestät hoffet und vertrauet zu verantworten.« Prompt erlassen die Fürsten von Sachsen und Hessen Regeln für evangelische Gottesdienste und ziehen Kirchengut ein. In Marburg entsteht die erste evangelische Universität. Die protestantische Kirche gerät damit unter ein »landesherrschaftliches Regiment« – eigentlich nicht Luthers Plan.

Karl in Nöten

Der junge Karl V. träumt seine kaiserlichen Träume, ist mit der Regierung seines Riesenreiches ziemlich überfordert und kümmert sich nur äußerst sporadisch um das, was in Deutschland vor sich geht. Stellvertreter ist sein Bruder Ferdinand, noch drei Jahre jünger und nebenbei auch mit Österreich, Ungarn und deren Verteidigung gegen die Türken belastet.

1522 beginnt im Erzbistum Trier ein Aufstand der verarmten Reichsritter unter Franz von Sickingen. 1524 bricht der Bauernkrieg los. Karl gibt den Fürsten gegen die Bauern ebenso freie Hand wie vorher gegen die Ritter. Doch als er die Reichstagsbeschlüsse von Speyer zurücknehmen will, legen Sachsen, Hessen, Brandenburg-Ansbach, Anhalt, Braunschweig-Lüneburg und 14 Reichsstädte eine »Protestation« (daher der Name »Protestanten«) vor und stellen sich 1530 hinter das von Philipp Melanchthon formulierte »Augsburger Bekenntnis«. Karl wertet das als Landfriedensbruch, kann aber nichts dagegen unterneh-

FÜR BESSERWISSER

Preußen macht den Anfang

Der erste Fürst, der sein Land reformiert, ist Albrecht von Brandenburg, Hochmeister des Deutschen Ordens. 1525 säkularisiert er den Ordensstaat und wird unter polnischer Lehenshoheit Herzog von Preußen. 1618 fällt Preußen per Erbschaft an Brandenburg.

In mehreren Teilen Deutschlands, Österreichs und der Schweiz kam es 1524 zu heftigen Aufständen der Bauern

men, weil er die protestantischen Fürsten für die Kriege gegen die Türken braucht. Auch als er diese 1546 militärisch im Handumdrehen besiegt, ändert das nichts. 1555 setzt Ferdinand endlich den »Augsburger Religionsfrieden« gegen den Papst und seinen Bruder durch. Lutheraner und Katholiken werden als gleichberechtigt anerkannt und die Fürsten dürfen ihr Bekenntnis frei wählen. Ihre Untertanen müssen sich dem Glauben anpassen oder, wenn sie nicht leibeigen sind, auswandern.

Im Gegensatz zu anderen europäischen Ländern, die blutige Bürgerkriege um die verlorene Glaubenseinheit führen, beschließt Deutschland mit diesem Abkommen, die religiöse Vielfalt zu akzeptieren. Die eigentlichen Gewinner jedoch sind wieder einmal die Fürsten. Karl hat nun endgültig genug. 1556 verabschiedet er sich in den

FÜR BESSERWISSER

Deutsch-französische Feindschaft

Maximilian I. und Maria von Burgund sollen sich auf den ersten Blick ineinander verliebt haben. Politisch gesehen war die Heirat weniger glücklich. Das zersplitterte Burgund wird zum Streitobjekt zwischen Frankreich und den Habsburgern. Karl V. und Franz I. tragen einen militärischen Dauerkonflikt aus, der im Grunde nichts mit Deutschland zu tun hat, aber noch an Generationen von Nachfolgern weitergegeben wird.

Ruhestand. Deutschland überlässt er Ferdinand, Spanien geht an seinen Sohn Philipp II.

Der Bauernkrieg

1524 kommt es plötzlich im heutigen Gebiet von Baden-Württemberg, Rheinland-Pfalz, Franken, Thüringen und Sachsen, aber auch im Elsass, in Österreich und der Schweiz zu Erhebungen der Bauern. Sie berufen sich auf das Evangelium im Sinne der Reformation, doch im Grunde genommen sind die Aufstände nichts Neues, sondern nur heftiger als früher. Bereits im 14. Jahrhundert sorgte eine Klimaverschlechterung für 32 Hungerjahre und Unruhen.

Während der Pest gab es große Volksaufstände in Flandern, Holstein und im Rheinland. Um 1400 verschärfte sich die Situation noch einmal. Allein die Untertanen des Abtes von Kempten erhoben sich ab 1425 ziemlich pünktlich alle 25 Jahre, also in jeder Generation von neuem. Ursache war eine Verschärfung der Leibeigenschaft. Alte Rechte aus dem Mittelalter wie zum Beispiel freier Zugriff auf Holz und Wasser wurden plötzlich ver-

➤ Der Reichtum der Kaufleute

Die Augsburger Bankiersfamilie Fugger, die mit ihrer Finanzkraft Kaiser- und auch Papstwahlen beeinflusste, ist zwar die berühmteste, aber keineswegs die einzige Kaufmannsfamilie, die die Chancen des 15. Jahrhunderts erkannte und unglaublich reich wurde. Enea Silvio Piccolomini, später Papst Pius II., behauptete nach einem Deutschlandbesuch, es gäbe keine Nation in Europa, deren Städte besser gestaltet seien und einen schöneren Anblick böten. Bürger würden wie Fürsten wohnen, ja manchmal sogar wie Könige. Tatsächlich kam es in Deutschland zu einer Blüte der bürgerlichen Architektur, beginnend im 14. Jahrhundert mit dem Bau der gotischen Münster von Ulm und Freiburg bis hin zu den Renaissancebauten der Fugger in Augsburg. Auf die berühmte Kaufmannsfamilie geht auch die Sozialsiedlung »Fuggerei« zurück, denn in Augsburg zählten zwei Drittel der Bewohner zu den Habenichtsen, während sich in den Hansestädten Ober-, Mittel- und Unterschicht in etwa die Waage hielten.

wehrt. Freie Bauern wurden in die Zinspflicht gezwungen, Zinser zu Leibeigenen gemacht, Leibeigene fast zu Sklaven, die zum Beispiel nicht mehr frei heiraten durften. Außerdem wurden während der Laufzeit von Verträgen willkürlich Abgaben erhöht, neue Dienste festgeschrieben, wenn es den Herren gerade passte, die Allmende zweckentfremdet und Extrasteuern für den Schutz der Bauern kassiert, obwohl dieser eigentlich elementarer Bestandteil des Lehensvertrags war.

Die Aufstände beginnen 1524 im Schwarzwald und pflanzen sich schnell fort. Den Bauern gelingt es, Burgen, Klöster und Städte einzunehmen, zu einem Massaker kommt es allerdings nur in Weinsberg. Manche Städte halten freiwillig zu den Bauern. Bauernhaufen und andere Zusammenschlüsse geben sich »Verfassungen«. Mit der Obrigkeit versucht man auf Grundlage der »Zwölf Artikel« zu verhandeln. Doch im Mai 1525 greift das kaiserliche Heer, das bis dahin in Italien beschäftigt war, ein. Innerhalb von zwei Monaten werden 100 000 von insgesamt 300 000 aufständischen Bauern getötet, dazu viele Frauen vergewaltigt und selbst Kinder abgeschlachtet. Hinterher allerdings werden in manchen Territorien Vereinbarungen mit den Untertanen geschlossen, die ihnen gewisse Rechte zusichern. Östlich der Elbe dagegen, wo die Bauern im 14. Jahrhundert noch freier als in anderen deutschen Gebieten waren, wird nun die Leibeigenschaft verschärft.

➤ »Armer Hund« und reicher Bauer

Die Lasten für die Bauern waren extrem unterschiedlich verteilt. Zu den Lehensleuten des Klosters Weingarten zählten zum Beispiel J. Elps, der 60 Hektar Grund hatte und 14 Prozent der Einnahmen abgeben musste, und E. Hund, der nur 2,5 Hektar hatte und 79 Prozent abgeben musste. Selbst wenn er Junggeselle war, konnte er nicht überleben, ohne sich als Taglöhner etwas dazuzuverdienen. Doch die Aufstände wurden nicht von Ausgebeuteten, sondern von den reichen Bauern angezettelt, die fürchteten, über kurz oder lang auch zum »armen Hund« zu werden.

Die »Zwölf Artikel«

Im März 1525 befinden sich die Bauernaufstände in ganz Deutschland auf ihrem Höhepunkt. Ihre Führer sind siegesgewiss. In der reformierten Reichsstadt Memmingen schließen sich die Bauernhaufen aus Baltringen, aus dem Allgäu und vom Bodensee zusammen. Der angesehene Memminger Kürschnergeselle Sebastian Lotzer (geb. um 1490), Feldschreiber der Baltringer und glühender Anhänger der Reformation, gießt die Forderungen der Bauern in zwölf Artikel, die er mit biblischem Bezug untermauert. Erstmals beruft man sich auf »göttliches«, nicht auf »altes« Recht.

Trotzdem steht die Wiederherstellung des alten Rechts im Mittelpunkt. Darüber hinaus sollen einige besonders bedrückende Abgaben gestrichen werden. Der »Zehnt« soll nur für den Unterhalt des Pfarrers und der Armen verwendet werden. Den Pfarrer aber – das ist neu – will man frei wählen. Außerdem soll er das »reine Evangelium« predigen.

Die vielleicht revolutionärste Forderung ist die nach Abschaffung der Leibeigenschaft. »Zum dritten ist der Brauch hier her gewesen«, schreibt Lotzer, »dass man uns für ir aigen Leüt gehalten haben, wölchs zuo erbarmen ist, angesehen das uns Christus all mit seinem kostparlichen Pluotvergüessen erlööst und erkauft hat. Darumb erfindt sich mit der Geschrift, das wir frei seien und wöllen sein.« Die Grund- und Gerichtsherrschaft dagegen erkennen die Bauern an. Der Schwäbische Bund, eine Vereinigung von Fürsten und Städten, tobt, als er das Papier bekommt. Die Forderungen werden als totale Auflehnung gegen jede Herrschaft interpretiert. Zu Verhandlungen ist niemand bereit.

Die »Zwölf Artikel der Bauernschaft in Schwaben« aber werden in den nächsten Monaten an 15 Orten nachgedruckt. Anfang Mai können die fränkischen Bauern sogar einen Vertreter des Erzbischofs von Mainz zur Annahme nötigen. Doch zu diesem Zeitpunkt war der Baltringer Haufen bereits geschlagen, vermutlich fiel dabei auch Sebastian Lotzer.

Entladung der Probleme – der Dreißigjährige Krieg

Der Augsburger Religionsfrieden hätte ein Kompromiss sein können. Doch in den unsicheren Jahren vor seinem Zustandekommen gab es auf beiden Seiten massive Hasspredigten gegen die andere Konfession. Diese Saat verschwindet nicht so einfach. Von der »Freiheit des Christenmenschen«, die Luther predigte, ist in der zweiten Hälfte des 16. Jahrhunderts nicht mehr viel zu spüren. Wohl auch, weil der Elan von 1525 so blutig erstickt wurde. Am Vorabend des Dreißigjährigen Krieges sind weder die sozialen Fragen, noch die religiöse Unsicherheit, noch die Konflikte der deutschen Fürsten untereinander oder die Probleme mit den Nachbarstaaten gelöst.

Soziales Elend und Hexenwahn

Das 16. Jahrhundert ist keine gute Zeit für die Armen. Zu Beginn, so haben Wissenschaftler ausgerechnet, verdient ein Maurer noch etwa eineinhalbmal so viel, wie seine Familie zum Überleben braucht. Am Ende sind es nur 85 Prozent, es muss also zusätzliches Geld aufgebracht werden, nur um nicht zu verhungern. Ab 1570 gibt es wieder einmal eine Kälteperiode mit vielen Missernten und die Getreidepreise schnellen in die Höhe. Die Fürsten jedoch, die die Prachtentfaltung der Spätrenaissance entdecken, ziehen die Steuerschraube eher noch an, als dass sie Nachlass gewähren.

Dazu kommt ein aufgeheiztes Klima religiöser Intoleranz. Seine schlimmste Blüte ist die Hexenverfolgung, ein Auswuchs der mittelalterlichen Inquisition. »Vor seinem Gericht kann keiner bestehen«, beklagte sich Anfang des 13. Jahrhunderts der Erzbischof von Mainz beim Papst über den berüchtigten Inquisitor Konrad von Marburg. Konrad, nebenbei Beichtvater der heiligen Elisabeth, wurde 1233 von aufgebrachten Adeligen erschlagen. Anfang des 14. Jahrhunderts nutzte dann der französische König

Vom 16. Jahrhundert an bis ins 18. Jahrhundert hinein fanden in Deutschland Hexenverbrennungen statt

die Inquisition, um den reichen Orden der Templer zu vernichten. Doch diese waren keine Ketzer. Um ihnen trotzdem etwas anhängen zu können, wurde eine satanische Weltverschwörung konstruiert. 1484 wird der Glaube an Hexer päpstlich sanktioniert. Drei Jahre später veröffentlichen die Dominikanermönche Heinrich Institoris und Jakob Sprenger den »Hexenhammer«, eine krude Mischung aus hysterischem Aberglauben und schweren Sexualneurosen, die sich vor allem gegen die Frauen richtet. Die wahre Hexenhysterie beginnt um 1560 und erreicht zwischen 1590 und 1630 ihren Höhepunkt. Insgesamt werden in rund 200 Jahren allein in Deutschland mindestens 100 000 Menschen wegen Hexerei verbrannt. Die meisten Opfer gibt es dort, wo Katholiken und Protestanten eng aufeinander sitzen wie im Rheinland und in Südwestdeutschland. 1775 findet die letzte Hinrichtung statt.

FÜR BESSERWISSER

Heilige Hexen

Der Hexenglaube stammte nicht aus dem finsteren Mittelalter, sondern aus heidnischer Zeit. Karl der Große ließ ihn noch bei Todesstrafe verbieten, im 11. Jahrhundert wird er mit einem Jahr Buße bestraft. Als die Bevölkerung in Freising drei Frauen als Hexen verbrennt, werden diese von der Kirche zu Märtyrerinnen erklärt. Auch der Teufel mutiert erst im 13. Jahrhundert zu einer Art Person.

Der Prager Fenstersturz leitete den Dreißigjährigen Krieg ein

Ein Konflikt eskaliert

Die deutschen Fürsten streiten sich unterdessen mit zunehmender Vehemenz um die Auslegung der Augsburger Vereinbarung. Im Mittelpunkt steht die Frage, ob ein Bischof nach seiner Konversion das Bistum säkularisieren darf. Als 1582 Köln weltlich zu werden droht, verhindern kaiserliche und bayerische Truppen dies.

In Österreich treibt ein Habsburger Erzherzog, der spätere Kaiser Ferdinand II., eine besonders radikale Gegenreformation. Er lässt Kirchen zerstören, protestantische Bücher verbrennen und 100 000 Gläubige ohne ihr Hab und Gut aus dem Land treiben. 1617 macht er dann in Böhmen weiter. Dass sein Cousin und Vorgänger Rudolf II. den böhmischen Protestanten Gleichberechtigung und Religionsfreiheit zugestand, interessiert ihn nicht. Vertreter der böhmischen Stände werfen deshalb die beiden kaiserlichen Statthalter nach einem heftigen Wortwechsel aus einem Fenster der Prager Burg, doch der Unrat im Burggraben fängt die beiden weich auf. Wesentlich schlimmer wiegt, dass die böhmischen Stände 1619 Ferdinand für abgesetzt erklären und Friedrich V. von der Pfalz zum neuen König wählen. Da Böhmen Wahlmonarchie ist,

FÜR BESSERWISSER

Der Handel mit der Lausitz

Die Neutralität des protestantischen Sachsen im Krieg gegen Böhmen erkaufte sich Ferdinand II., indem er die bisher schlesische Lausitz an Sachsen abtrat.

ist das Vorgehen möglicherweise sogar legitim, obwohl es für eine Absetzung keinen Präzedenzfall gibt. Der Kaiser und der bayerische Herzog Maximilian I. setzen jedoch ein Heer unter Feldmarschall Tilly in Bewegung, das Böhmen schnell besiegt. Darauf beginnt eine brutale Rekatholisierung. Damit hätte die Affäre erledigt sein können, doch die Verbündeten halten die Gelegenheit für günstig, um auch die Pfalz wieder katholisch zu machen. Damit hat der Krieg begonnen.

Dreißig wirre Jahre

Zuerst sieht alles nach einem Triumphzug der Katholiken aus. Doch als deren Heer nach der Eroberung der Pfalz nach Norden marschiert, werden die ausländischen Mächte unruhig. Sie befürchten – nicht zu Unrecht –, dass die Familie Habsburg, die außer über Österreich, Böhmen, Schlesien, Mähren, Ungarn und einige italienische Besitzungen auch noch über Spanien und die Spanischen Niederlande (Belgien) verfügt, dabei ist, eine erzkatholische Vorherrschaft über ganz Europa zu schaffen. Durch die Vermittlung des französischen Ministers Kardinal Richelieu und mit Finanzspritzen von England und den Freien Niederlanden stehen die Dänen den protestantischen Fürsten bei. Als auch die Dänen geschlagen sind, bewegt Richelieu Gustav II. Adolf von Schweden zum Eingreifen.

Die Rechnung scheint aufzugehen. Kurz nach Gustav Adolfs Landung brennt Tilly Magdeburg nieder, tötet nahezu die gesamte Be-

FÜR BESSERWISSER

Lesetipps

Das Lebensgefühl der Menschen in dieser Zeit bewegte sich zwischen den Maximen »Alles ist eitel!« und »Nutze den Tag!« (Carpe Diem), was vor allem Andreas Gryphius (1616–1644) in seinen Gedichten zum Ausdruck bringt. Die Romane zum Dreißigjährigen Krieg schrieb Hans Jakob Christoffel von Grimmelshausen (um 1621–1676), selbst als zwölfjähriger zum Soldat gemacht, mit »Der Abentheurliche Simplicissimus Teutsch« und »Trutz Simplex, oder Ausführliche und wunderseltzame Lebensbeschreibung der Ertzbetrügerin und Landstörtzerin Courasche.«

Nach Verhandlungen des Kaisers mit Frankreich, Schweden und deren Verbündeten endet am 24. Oktober 1648 der Dreißigjährige Krieg mit der Unterzeichnung eines Friedensvertrags, dem »Westfälischen Frieden«

völkerung und verletzt die sächsische Neutralität. An der Spitze der empörten Protestanten marschiert der schwedische König bis nach München, doch er fällt 1632 in der Schlacht bei Lützen. Nach und nach schließen die protestantischen Fürsten ihren Frieden mit der katholischen Liga, bis die Schweden 1635 schließlich fast alleine dastehen. Doch nun greifen die Franzosen ein und alles beginnt von vorne.

Ab 1636 sprechen die verfeindeten Parteien über einen Frieden, 1641 schließen sie einen Vorfrieden, 1644 werden ernsthafte Verhandlungen aufgenommen und 1648 hat man sich endlich geeinigt.

Viel Elend, wenig Neues

Der Westfälische Friede legt fest, dass die konfessionellen Verhältnisse so bleiben, wie sie am 1. Januar 1624 waren. Untertanen müssen sich nicht mehr ihrem Herrn anpassen. Außer den Lutheranern werden auch die reformierten Calvinisten anerkannt. Schweden bekommt Vorpommern, Frankreich Teile des Elsass. Die Schweiz und die Niederlande werden als selbstständige Staaten anerkannt. Deutsche Fürsten, die Gebiete abtreten müssen, werden durch ehemalige kirchliche Stifte entschädigt. Für 30 Jahre Blutvergießen ändert sich nicht gerade viel. Nur die Reichsstände, insgesamt rund 300 Territorien, erkämpfen die volle Landeshoheit in ihren Gebieten und die Mitbestimmung in allen Reichsangelegenheiten.

Das Land ist jedoch schwer geschädigt. Zwar waren nie alle Gebiete gleichzeitig vom Krieg betroffen, aber fast alle irgendwann einmal. Nur der Schwarzwald und einige Mittelgebirgszüge blieben verschont und auch Nordwestdeutschland und Sachsen kamen relativ glimpflich davon. Am schlimmsten traf es die Pfalz: Dort überlebten nur 20–30 Prozent der Bevölkerung. Insgesamt starben auf dem Land etwa 40 Prozent der Menschen, in den Städten über 30 Prozent. Direkte Kriegsopfer sind dabei die wenigsten. Die meisten starben durch Hungersnöte, Seuchen und die Ausschreitungen der Landsknechte. Ob »Freund« oder »Feind« war im Grunde egal: Die Heere mussten sich vom Land ernähren und plünderten ihre Durchzugsgebiete restlos aus. Vor allem der berühmte Feldherr Wallenstein verstand sich darauf, mit taktischen Truppenbewegungen ganze Landstriche auszusaugen und seine Gegner damit in Probleme zu bringen.

➤ Stahl und Eisen

Ab 1470 wird in Deutschland das Hüttenwesen ausgebaut. Um 1500 erzeugt man jährlich 30 000 Tonnen Eisen, die Hälfte der europäischen Produktion. In wald- und erzreichen Gebieten wie der Oberpfalz, den Ostalpen, dem Harz, dem Sauer- und Siegerland sowie dem Erz- und Riesengebirge entstehen Hunderte von Eisenhämmern. Im 16. Jahrhundert wird in Sachsen der Eisenguss erfunden.
Um die Tunnel in den Bergwerken nicht zu groß bauen zu müssen, setzt man Kinder ab zehn Jahren ein, um Erzwägen zu ziehen. In der Knappschaft des Eislebischen Berges heißt es 1606: »So mechten Viel leuthe lieber ihre Kinder in die Türkey tragenn und verkaufen, als dass sie eins auf den Berg ziehen.«

Das Zeitalter der Fürsten – der Absolutismus

Im Jahr 1661 übernimmt in Frankreich Ludwig XIV. die Regierungsgeschäfte. Das inzwischen bevölkerungsreichste Land Europas ist nach innen und außen gefestigt und Ludwig legt als »Sonnenkönig« eine ungeheure Prachtentfaltung an den Tag. Seine Person wird zum Mittelpunkt des öffentlichen, politischen und kulturellen Lebens. Mit dem Motto »Der Staat bin ich!« erhebt er sich über die Gesetze. Beim Regieren stützt er sich nicht mehr auf Vertreter des Landes wie die Reichsstände, sondern auf ein Kabinett, das er persönlich ernennt und nach Belieben wieder auflösen kann. In Deutschland ist der Absolutismus Ländersache.

Viele kleine Sonnen

In Deutschland wird die Entwicklung zum Absolutismus durch die Verwüstungen des Dreißigjährigen Krieges begünstigt. Tatsächlich gelingt es vielen Herrschern wie zum Beispiel Karl I. Ludwig von der Pfalz, ihre Länder schnell wieder aufzubauen, indem sie die Entwicklung zentral lenken. Eine große Rolle spielt dabei der ebenfalls von Frankreich übernommene Merkantilismus – eine Politik, die die Wirtschaft nach Kräften fördert, unter anderem durch Messen und Märkte, den Aufbau der Infrastruktur, die Auflockerung von Zunftbestimmungen und die Einrichtung von Manufakturen. Glaubensflüchtlinge aus den Nachbarländern bringen neue Handwerkskünste und verloren gegangenes Fachwissen mit.

Ein starkes kaufmännisches Bürgertum à la Fugger wurde durch den Krieg zerstört. Die Rolle der alten Reichsstädte übernehmen die neuen Residenzstädte. Das Spektrum der Herrschertypen ist groß; es reicht vom wohlwollenden Landesvater über den fürchterlichen Despoten bis zum lächerlichen Popanz, der in seinem Mini-Staat Versailles imitiert.

Die glanzvollste Erscheinung ist August der Starke (1670–1733), Kurfürst von Sachsen und Wahlkö-

Friedrich Wilhelm, dem »Großen Kurfürsten«, gelang in Preußen nach dem Krieg ein erfolgreicher Wiederaufbau

nig von Polen, der Dresden zum schillernden Zentrum Deutschlands macht. Unter Markgraf Karl Friedrich (1738–1811) erwirbt Baden den Ruf des »Musterländles«. Sein Nachbar Karl Eugen von Württemberg (1737–1793) dagegen ist einer jener Tyrannen, der seine Untertanen als Soldaten nach Amerika verkauft (Lesetipp: Friedrich Schiller »Kabale und Liebe«).

Insgesamt gesehen sorgt der Wettstreit der Fürsten um die glanzvollsten Köpfe im 18. Jahrhundert für eine kulturelle Blütezeit. Die »ordnende Hand« der Obrigkeit dagegen droht alles zu regulieren, bis hin zur Armut, die in Arbeitshäusern verwaltet wird.

Der Aufstieg Preußens

Als das dynamischste aller deutschen Länder erweist sich Brandenburg. Nach dem Ende des Dreißigjährigen Krieges ist es verwüstet und verschuldet, das dazugehörige »Pommerland ist abgebrannt«. Friedrich Wilhelm, der »Große Kurfürst«, betreibt eine energische Wiederaufbaupolitik, unter anderem holt er dafür 20 000 Hugenotten ins Land. Den mächtigen Gutsbesitzern gesteht er zwar weitgehende Herrschaftsrechte auf ihren Domänen zu, aus der Landespolitik jedoch drängt er sie hinaus. Als Friedrich Wilhelm 1688 stirbt, hat Brandenburg-Preußen eine starke Armee, eine arbeitsfähige Verwaltung und volle Staatskassen. Nur sein Plan, Christine von Schweden zu heiraten, scheiterte.

Unter dem Enkel des Kurfürsten, Friedrich Wilhelm I., dem »Soldatenkönig«, werden Pflichterfüllung und Gehorsam zu den preußischen Tugenden. Er ist ein frommer Pietist, extrem sparsam, fördert die Tuchindustrie, siedelt 17 000 vertriebene Salzburger Lutheraner in Ostpreußen an, häuft einen Staatsschatz von neun Millionen Talern an und macht Brandenburg-Preußen

FÜR BESSERWISSER

König in Preußen
Als Lohn für einen Frontenwechsel des »Großen Kurfürsten« im Ersten Nordischen Krieg entlässt Polen Preußen aus seiner Oberherrschaft. Damit gehört Preußen zu keinem Reich mehr und Friedrich Wilhelms Sohn kann sich 1701 in Königsberg zum preußischen König krönen.

zum Militär- und Beamtenstaat. Er sorgt dafür, dass sein Land die am besten ausgebildete Armee Europas bekommt. Krieg führt er mit seinen »Langen Kerls« aber kaum. Das macht erst sein Sohn Friedrich II.

Königliche Kriegsspiele
Wie Preußen legen sich alle Staaten im Absolutismus ein stehendes Heer zu, das sie auch fleißig benutzen. Das 17. und 18. Jahrhundert sind voll von Erbfolgekriegen, die sich oft über Jahrzehnte hinziehen. Denn die »Kabinettskriege« werden nicht mehr bis zum letzten Blutstropfen ausgefochten, sondern nach Niederlagen vorläufig beigelegt und wieder aufgenommen, wenn die Situation dem Besiegten günstiger erscheint. Bündnisse werden von taktischen Überlegungen bestimmt. So schlagen sich die deutschen Fürsten manchmal auf die Seite Frankreichs, manchmal auf die Österreichs. Vor allem der »Große Kurfürst« schwenkt so oft um, dass man vom »Brandenburger Wechselfieber« spricht.

Selbst als Ludwig XIV. mehrere rheinische Gebiete gewaltsam annektiert, fällt ihm vor allem der englische König Wilhelm III. in den Arm, nicht die deutschen Fürsten. Erst als Ludwig 1688 mit dem Befehl »Brûlez le Palatinat« die Pfalz mit den barbarischen Methoden des Dreißigjährigen Krieges verwüsten lässt, bildet sich ein antifranzösisches Bündnis. 1697 muss Ludwig auf seine Eroberungen verzichten, mit Ausnahme des Elsass.

FÜR BESSERWISSER

Die Hohenzollern in Afrika
Um den preußischen Überseehandel in Schwung zu bringen, gründet Kurfürst Friedrich Wilhelm an der Küste von Ghana eine Kolonie namens Großfriedrichsburg, die jedoch nicht floriert. Sein sparsamer Enkel Friedrich Wilhelm I. verkauft sie für 6000 Dukaten an die Niederländisch-Westindische Kompanie.

Friedrich II. von Preußen, genannt der »alte Fritz«, im Gespräch mit dem Philosophen Voltaire

Doch nicht nur Ludwigs Kriege sind verkappte Raubzüge, auch Friedrich der Große von Preußen erobert 1740 unter völlig fadenscheinigen Begründungen das reiche Schlesien, als dessen junge Herrscherin Maria Theresia noch dabei ist, sich Akzeptanz zu erkämpfen. Am Ende passiert sogar etwas, das keiner für möglich gehalten hätte: Frankreich und Habsburg verbünden sich 1756 im »Siebenjährigen Krieg« gegen Preußen. Außerdem stehen noch Russland und die meisten deutschen Fürsten auf ihrer Seite. Vermutlich hätte Friedrich der Große trotz seiner überlegenen Armee und seiner genialen Feldherrenkunst alles Erreichte verloren, wäre nicht Zarin Elisabeth 1762 gestorben und ihr Nachfolger Peter III., ein Bewunderer des »alten Fritz«, aus der Koalition seiner Gegner ausgeschieden.

Im Frieden von Hubertusburg wird die Eroberung Schlesiens anerkannt und Preußen steigt damit endgültig zur Großmacht auf. 1772 vereinbart Friedrich dann mit Russland und Österreich die »Erste Polnische Teilung« und reißt sich Ostpreußen und das Ermland unter den Nagel. Nach zwei weiteren sol-

➤ Front gegen die Türken

Als Wien 1683 von den Türken belagert wird, erhält Österreich Unterstützung von Freiwilligen aus ganz Europa, sogar aus Frankreich, obwohl Ludwig XIV. seinen Untertanen mit Ungnade droht. Dies ist aber die einzige militärische Aktion, die nicht von Taktik, sondern von so etwas wie Gemeinschaftsgefühl bestimmt wird. Schnell ist dies auch wieder vorbei.

chen Raubzügen ist Polen von der Landkarte verschwunden.

Die Aufklärung

Der Absolutismus erzeugt auch Widerstand. Die Philosophen der »Aufklärung« beginnen den fürstlichen Allmachtsanspruch – und nicht nur diesen – in Zweifel zu ziehen. Parallel zum Aufschwung der Naturwissenschaften hinterfragen sie auch die Prinzipien von Staat und Religion. In England formuliert John Locke (1632–1704) den Gedanken, dass jeder Mensch »natürliche« Freiheitsrechte habe, die er nie verlieren könne. In Frankreich fordert Jean-Jacques Rousseau (1712–1778) eine Staatsverfassung in Form eines »Gesellschaftsvertrags«. In Deutschland ist Immanuel Kant (1724–1804) aus Königsberg der Aufklärer. Den »Ausgang des Menschen aus seiner selbst verschuldeten Unmündigkeit« nennt er die Aufklärung und fordert: »Wage zu denken!« Damit setzt Kant einen anderen Akzent als viele andere Aufklärer. Er fordert nämlich die »Selbstaufklärung«, während die neue Denkart ansonsten meist zur pädagogischen Aufklärung der anderen verkommt.

FÜR BESSERWISSER

Aufgeklärte Patrioten

In der zweiten Hälfte des 18. Jahrhunderts kommen in akademischen und künstlerischen Kreisen erste Vorstellungen von Deutschland als einer kulturellen Einheit auf. Es gibt auch »Patriotische Gesellschaften«, deren Anliegen aber nicht die nationale Einigung, sondern Bildungs- und Sozialreformen im Sinne der Aufklärung sind.

➤ Der aufgeklärte Absolutismus

Als Prototyp des aufgeklärten Monarchen gilt Friedrich II. von Preußen. Der »alte Fritz« lässt die Folter abschaffen und regelt die Gerichtsbarkeit für das ganze Land durch einen einheitlichen, durchschaubaren Instanzenweg. Außerdem verbessert er die Lage der Bauern und übt sich in religiöser Toleranz. Jeder soll »nach seiner Façon selig werden«. Wie alle anderen »aufgeklärten« Fürsten gibt er jedoch kein bisschen seiner Macht aus der Hand.

Erzwungene Reformen – Deutschland und Napoleon

1789 bricht in Frankreich die Revolution aus. Bereits Ludwig XIV. hatte die Staatsfinanzen ruiniert und unter seinen Nachfolgern waren die sozialen Probleme immer schärfer geworden. Die Ideen der Französischen Revolution, »Freiheit, Gleichheit und Brüderlichkeit«, stoßen im aufgeklärten Deutschland zunächst auf Begeisterung. Doch als das Nachbarland im blutigen Terror versinkt, tritt schnell Ernüchterung ein. Trotzdem antworten die meisten Fürsten mit einer reaktionären Politik – als Folge kommt es hier und da zu Unruhen und auch zur Bildung einiger Jakobinerclubs. Als die deutschen Fürsten jedoch 1792 eher zögernd einen Feldzug gegen Frankreich beginnen, wird ihnen schnell klar gemacht, dass die Zeit der Kabinettkriege vorbei ist.

Das Reich ist am Ende

Frankreich bietet ein Heer auf, wie es bisher unbekannt war: ein riesiges, sehr bewegliches Volksheer, das keine taktischen Schlachten schlägt, sondern in dem Gefühl kämpft, das Vaterland zu verteidigen – und zwar nicht gegen einen respektierten Gegner, sondern gegen einen Feind, den es zu vernichten gilt. Uneins wie eh und je, dazu noch mit der nächsten polnischen Teilung beschäftigt müssen Österreich und Preußen mehrere Niederlagen einstecken. 1795 entschließt sich Preußen, einen privaten Frieden mit Frankreich zu schließen. Österreich sucht sich Russland als neuen Verbündeten, muss sich aber im Jahr 1801 endgültig geschlagen geben. Im Frieden von Lunéville gestehen Österreich und Preußen Frankreich alle Territorien links des Rheins zu. Doch die Fürsten, die Land verlieren, werden reichlich entschädigt. Mit dem Reichsdeputationshauptschluss von 1803 werden zu diesem Zweck 25 Bistümer und 44 Reichsabteien säkularisiert und darüber hinaus fast alle Reichsstädte sowie 112 kleine, bisher reichsunmittelbare

Für Besserwisser

Thüringer Flickenteppich

Zu Beginn des 19. Jahrhunderts gibt es im Thüringer Wald fast mehr Schlagbäume als Bäume. Hier haben 14 Seitenlinien der sächsischen Herzöge, neun der Grafen Reuß, zwei der Grafen von Schwarzburg, dazu die Grafen von Hohenlohe, Hetzfeld und Stolberg, die Herren von Schönburg, die Abtei Fulda, die Bistümer Bamberg, Mainz und Würzburg, die Habsburger, die Kurfürsten von Hannover, Hessen und Brandenburg, die Markgrafen von Bayreuth sowie einige Reichsritter Besitzungen, die meist noch einmal in mehrere Gebiete zersplittert sind. Doch gerade dieser »Flickenteppich« bleibt weitgehend erhalten.

Adelige neuen Landesherren unterstellt.

Das Misstrauen der deutschen Fürsten gegen Österreich und Preußen wird durch die neuen Verhältnisse nicht gerade kleiner. Während die Entschädigungsverhandlungen noch laufen, suchen Bayern, Württemberg und Baden ihr Glück wieder einmal in einer Annäherung an Frankreich. Als 1805 Österreich zusammen mit Russland und England den nächsten Anlauf gegen Napoleon unternimmt, kämpfen die drei süddeutschen Länder auf seiner Seite. Sie erklären offiziell ihren Austritt aus dem Deutschen Reich und unterstellen sich der französischen Oberhoheit – ein vollkommen legales Unterfangen nach Reichsrecht. Dafür gesteht ihnen Napoleon eine Rangerhöhung zum König beziehungsweise in Baden zum Großherzog und satte Gebietserweiterungen zu. Bayern zum Beispiel erhält Schwaben und Franken, die für manchen Altbayern deshalb heute noch »Beutebayern« sind.

1806 gründen die drei Staaten zusammen mit 13 kleineren den Rheinbund und beginnen innen-

Für Besserwisser

Tyrann oder Wohltäter?

Napoleon sorgt dafür, dass alle eroberten Länder nach französischem Vorbild reformiert werden. Die Geschichtsschreibung ist sich deshalb heute noch uneinig, ob sie ihn als rücksichtslosen Eroberer sehen soll oder als großen Staatsmann, der das rückständige Deutschland zu seinem Glück zwang. Das war damals nicht anders. Die Haltung zu Napoleon in den besetzten Ländern reichte von absoluter Verteufelung bis hin zu rückhaltloser Verehrung.

politische Reformen nach französischem Vorbild durchzuführen. Kaiser Joseph II. erklärt auf Druck Napoleons das Reich für aufgelöst und nennt sich nur noch Kaiser von Österreich – ein Staatsakt, der damals niemanden sonderlich aufregt.

Preußische Pleite

Preußen sucht unterdessen sein Heil in der Neutralität, möchte dafür aber gerne von Napoleon belohnt werden. 1805 gibt dieser grünes Licht zur Annexion von Hannover, dem Stammland der regierenden englischen Könige. Ein Jahr später jedoch kommen Gerüchte auf, Napoleon habe England die Rückgabe Hannovers angeboten. Ein Kreis um Königin Louise und den Prinzen Louis Ferdinand drängt zum Krieg. In der Doppelschlacht von Jena und Auerstädt wird Preußen 1806 im Handumdrehen vernichtend geschlagen. Damals glaubten viele, das Ende Preußens sei nun gekommen. König Friedrich Wilhelm III. rettet sich in ein Bündnis mit dem russischen Zaren, der mit dem Frieden von Tilsit tatsächlich die Auflösung Preußens verhindert.

FÜR BESSERWISSER

Königin Louise

In Tilsit verliert Preußen seine Besitzungen westlich der Elbe, die zum neuen Königreich Westfalen zusammengeschlossen werden, und die polnischen Besitzungen, aus denen das Herzogtum Warschau wird. Außerdem muss es hohe Zahlungen an Napoleon leisten. In der Geschichtsschreibung wird dieser Friedensschluss deshalb oft als bittere Niederlage gesehen, zumal die schöne Königin Louise vergeblich um Milderung bat. Ein Blick in die zeitgenössische Presse aber zeigt, dass man damals eher erleichtert war, dass überhaupt noch etwas von Preußen übrig blieb.

Nach dem Frieden von Tilsit beginnen auch in Preußen Reformen. Die Bauern werden endlich aus der Leibeigenschaft befreit und die Städte bekommen eine kommunale Selbstverwaltung. Wilhelm von Humboldt schafft ein modernes Bildungswesen von der Einführung der allgemeinen Schulpflicht über die Lehrerausbildung bis hin zur Gründung der Berliner Universität. Allerdings findet die Befreiung der Bauern kein glückliches Ende. Als »Entschädigung« erhalten ihre ehemaligen Herren so viel Land, dass statt freier Bauern eine Kaste

Der Sieg in der Völkerschlacht bei Leipzig war ein wichtiger Schritt im Kampf gegen die napoleonische Herrschaft

von landwirtschaftlichen Tagelöhnern entsteht.

Die Freiheitskriege

1808 ist Deutschland napoleonisch. Bis auf Preußen, Österreich, das dänische Holstein und das schwedische Vorpommern sind alle Länder dem Rheinbund beigetreten. Feudale Rechte werden abgeschafft, die Gleichheit aller Bürger wird proklamiert und das Recht nach dem napoleonischen »Code Civil« reformiert. Durch Rangerhöhungen und die weitere Auflösung kleiner Reichsstände bauen die

FÜR BESSERWISSER

Schwarz-Rot-Gold

An den Befreiungskriegen nahmen auch viele Schüler, Studenten, Handwerker und Akademiker in Freiwilligenverbänden teil, darunter das Korps des Freiherrn Adolf von Lützow. Die Studenten zerstörten vor allem die französischen Nachschubwege und wurden noch nach dem Waffenstillstand fast vollständig aufgerieben. Der 22-jährige Theodor Körner jedoch hinterließ patriotische Gedichte über »Lützows wilde, verwegene Jagd« und 1818 übernahm die »Allgemeine deutsche Burschenschaft« die Lützow'schen Farben Schwarz-Rot-Gold.

großen Fürsten nach innen ihre Macht aus. Nach außen sind sie von Napoleon abhängig und müssen ihm Truppenkontingente und Zahlungen für seine Kriege stellen. Diese Lasten werden immer drückender, dazu führt die von Napoleon verhängte Kontinentalsperre gegen England zu einer wirtschaftlichen Krise. Je größer Unzufriedenheit und »Franzosenhass« werden, desto stärker werden auch die neuen bürgerlichen Freiheiten durch Zensur, Zwang und Unterdrückung eingeschränkt.

Napoleons katastrophal endender Zug nach Russland 1812, bei dem auch ein Großteil der 100 000 deutschen Soldaten umkommt, gibt das Signal. Der preußische Offizier Ludwig Yorck von Wartenburg verabredet mit Russland ein Bündnis, dem König Friedrich Wilhelm III. nach langem Zögern – und getrieben von der antinapoleonischen Stimmung in seinem Land – zustimmt. Österreich und Bayern schließen sich an. In der Völkerschlacht bei Leipzig, die die antinapoleonische Koalition gewinnt, laufen auch noch die sächsischen und württembergischen Truppen über. Nach dem Einmarsch der Koalition in Paris im März 1814 dankt Napoleon ab, sein Rückkehrversuch scheitert 1815 bei Waterloo.

➤ Der Wiener Kongress

Was soll nach Napoleons Sturz mit dem völlig umgekrempelten Europa passieren? Darüber beraten die Mächtigen von 1814 bis 1815 auf einem Kongress in Wien. Vieles können sie nicht mehr ungeschehen machen, denn Mächte wie Bayern haben sich der antinapoleonischen Koalition nur unter der Bedingung angeschlossen, alles Errungene behalten zu dürfen. Pläne, die Reformen weiterzuführen und endlich einen richtigen deutschen Staat zu gründen, werden vor allem von Bayern und Österreich abgelehnt. Am Ende versucht man, das Kräftegleichgewicht von 1790 wiederherzustellen. Die Territorien jedoch verschieben sich. Österreich dehnt sich jetzt mehr nach Süden und Südosten aus, Preußen gewinnt beträchtliche Gebiete in Westfalen und am Rhein sowie Teile Sachsens.

Zwischen Gewalt und Konsensstreben – die deutsche Revolution

Napoleon geschlagen, erste Reformen in Richtung Bürgerrechte, dazu eine kulturelle Blüte mit den Meisterwerken von Goethe, Schiller, Hölderlin, Kleist, Kant, Hegel, Beethoven, Mozart, Haydn und vielen anderen: Deutschland war im Jahr 1815 in Aufbruchstimmung. Doch beim Wiener Kongress ging es den Fürsten nur um zwei Dinge: die eigene Macht zu sichern und die der Konkurrenten in Grenzen zu halten. Nach der Einigung untereinander machen sie sich daran, etwaige Ideen ihrer Untertanen in Richtung Mitbestimmung oder deutscher Gesamtstaat zu unterdrücken.

Der Vormärz

Nach dem Wiener Kongress vergehen 33 Jahre, bis sich die Spannungen im März 1848 endlich entladen. Es sind Jahre, in denen es vielen Deutschen nicht schlecht geht. Die Einigung von Wien hat dazu geführt, dass endlich einmal Frieden herrscht. Gerade die zahlreiche Beamtenschaft in den verbliebenen 37 deutschen Ländern und vier freien Städten (Hamburg, Bremen, Lübeck, Frankfurt/Main) lebt ein sehr abgesichertes, behagliches Leben in einem Stil, den die politi-

Goethe und Schiller sind die bekanntesten Vertreter der kulturellen Hochphase, die Deutschland zu Anfang des 19. Jahrhunderts erlebte

FÜR BESSERWISSER

Das Biedermeier

Die Bezeichnung »Biedermeierzeit« für den deutschen Stil zwischen 1815 und 1848 ist von »Biedermann« und »Bummelmeier« abgeleitet, zwei Karikaturen aus der Zeitschrift »Fliegende Blätter«. Erst in dieser Atmosphäre werden Frauen plötzlich als zarte, nervöse Geschöpfe gesehen, die nicht mehr zum Familieneinkommen beitragen, sondern Sofakissen besticken. Andererseits beginnt man auch erst jetzt, Kindern ihre Kindheit zuzugestehen und romantische Gefühle über Liebesheiraten zu hegen.

scheren Zeitgenossen als »Biedermeier« verspotten.

Bei den Armen sieht es weniger idyllisch aus. Sie brauchen den Verdienst von Frauen und auch Kindern, um zu überleben. 1839 verbietet Preußen Fabrikarbeit für Kinder unter neun Jahren und beschränkt die Arbeitszeit der 9–16-Jährigen auf zehn Stunden – auf dem Papier. In abgelegenen Gegenden halten sich die Menschen mit Heimarbeit wie Weben über Wasser. Als die Unternehmer, die sich von der englischen Konkurrenz bedroht sehen, den Lohn immer weiter kürzen, proben 1844 im schlesischen Peterswaldau 3000 Weber den Aufstand, der jedoch blutig niedergeschlagen wird (Lektüretipps: Gerhart Hauptmann »Die Weber«, Wilhelm Raabe »Die Chronik der Sperlingsgasse«, Bettina von Arnim »Dies Buch gehört dem König«). Der Weberaufstand war die erste proletarische Erhebung Deutschlands und erregte großes Aufsehen.

Leben im Polizeistaat

Politisch geht es nicht aufwärts. 1815 haben sich die 41 deutschen Territorien zum »Deutschen Bund« zusammengeschlossen. In der Bundesakte war eigentlich die Ein-

FÜR BESSERWISSER

Flucht nach Übersee

Die deutsche Auswanderung nach Nordamerika beginnt um 1680. Die meisten finanzieren ihre Überfahrt als Kontraktarbeiter, das heißt sie müssen nach ihrer Ankunft einige Jahre lang fast wie Sklaven für den Kontraktherrn arbeiten. 1816 kommt es zur ersten Massenauswanderung, vor allem aus Südwestdeutschland, 1830 steigt die Zahl steil an, 1848 wieder. Zwischen 1830 und 1870 verlassen etwa 2,5 Millionen Deutsche das Land, 90 Prozent davon gehen nach Nordamerika.

führung einer Verfassung mit einer Beteiligung des (besitzenden) Bürgertums an der Regierung in allen Bundesstaaten vorgesehen. Doch Preußen und Österreich setzen diesen Beschluss überhaupt nicht um, die meisten anderen nur schleppend. Die ersten Verfassungen gibt es in Nassau und Sachsen-Weimar-Eisenach. Mit am größten ist die Enttäuschung darüber bei den Studenten, die 1814 in Freikorps gefochten haben. 1817 verbrennen sie beim Wartburgfest buchstäblich »alte Zöpfe«. Ein Jahr später wird in Jena die »Allgemeine Deutsche Burschenschaft« gegründet, die kleinstaatliche Grenzen überwinden soll.

Prompt wird der Deutsche Bund, der sonst noch nicht sonderlich viel auf die Reihe bekommt, aktiv, verbietet in den »Karlsbader Beschlüssen« die Burschenschaften, verschärft die Zensur und führt eine strenge Überwachung der Universitäten ein. Außerdem wird beschlossen, dass der Bund gegen Einzelstaaten, die revolutionäre Bewegungen nicht genügend unterbinden, vorgehen kann. Aus Deutschland wird somit ein Bund von Polizeistaaten, die an jeder Ecke Revolten wittern. Im Jahr 1822 zum Beispiel wird der Tübinger Professor Friedrich List zu Festungshaft verurteilt, weil er eine Aufhebung der Zölle innerhalb des Bundes fordert. Sechs Jahre später beginnt Preußen selbst, ein einheitliches Zollgebiet zu schaffen.

Die Revolution

Trotz aller repressiven Maßnahmen der Obrigkeit kommt Deutschland nie wirklich zur Ruhe. Als im Febru-

> **➤ Das soziale Spektrum**
>
> 1846 gibt es in Preußen rund 15 000 Gutsbesitzer, 82 000 Unternehmer, 23 000 Rentiers, 6 500 Offiziere und 66 500 Akademiker, hohe Beamte und Geistliche. Etwa 610 000 Menschen verdienen ihr Auskommen als Handwerksmeister, 385 000 als Bauern, 120 000 als niedere Beamte. Ihnen stehen 326 000 Fabrik- und Bergarbeiter, 500 000 Weber, 385 000 Handwerksgesellen, 520 000 Kleinbauern, 1,75 Millionen Tagelöhner und ebenso viele Dienstboten sowie 865 000 Bettler gegenüber.

In der Frankfurter Paulskirche versammelt sich im Mai 1848 das erste gewählte deutsche Parlament

ar 1848 die Franzosen ihren König zur Abdankung zwingen und wieder einmal die Republik ausrufen, ist das das Startsignal für Erhebungen in ganz Deutschland. In Wien und Berlin kommt es zu blutigen Barrikadenkämpfen. Diese Ereignisse erschrecken die deutschen Fürsten so, dass sie schließlich Reformen zustimmen.

➤ Deutscher Patriotismus

Mit den Freiheitskriegen wurde Deutschland patriotisch. Doch die »Vaterlandsliebe« äußert sich sehr verschieden. Für die einen ist sie ein irrationales, pseudoreligiöses, fremdenfeindliches Gefühl. So predigt der Dichter Ernst Moritz Arndt »Einmüthigkeit der Herzen sey eure Kirche, Haß gegen die Franzosen eure Religion, Freiheit und Vaterland seyen die Heiligen, bei welchen ihr anbetet.« Dem steht ein Patriotismus gegenüber, der den Nationalismus der einzelnen Staaten überwinden will. Ein gesamtdeutscher Staat soll der egoistischen preußischen, bayerischen oder österreichischen Politik ein Ende bereiten.

Am 18. Mai 1848 tritt in der Frankfurter Paulskirche ein gewähltes Parlament zusammen. Doch während die Abgeordneten dort Grundrechte und eine Verfassung erarbeiten, ist die Bereitschaft der Fürsten, Macht abzugeben, schon wieder verflogen.

Am 28. März 1849 haben die Abgeordneten endlich einen Kompromiss gefunden: Die Gesetzgebung, die Legislative, soll künftig in den Händen des Reichstags liegen, der aus zwei Kammern besteht – einem »Volkshaus« mit demokratisch gewählten Abgeordneten und einem »Staatenhaus« mit Vertretern der Bundesländer. Die exekutive Regierungsmacht soll Friedrich Wilhelm IV. von Preußen als deutscher Kaiser ausüben.

28 Staaten sind bereit, diese Verfassung anzunehmen, später ziehen auch noch Württemberg, Sachsen und die Rheinpfalz nach, während Hannover und Bayern bei ihrer Weigerung bleiben. Vor allem aber lehnt Friedrich Wilhelm IV. die angebotene Krone ab. Damit ist das ganze Unterfangen gescheitert.

Aufstände in Baden, Sachsen, der Pfalz und Berlin, die die Annahme der Verfassung erzwingen wollen, werden ebenso von preußischen Truppen niedergeschlagen wie ein Versuch einiger Abgeordneter, die Nationalversammlung in Stuttgart fortzusetzen. Dabei macht sich Friedrich Wilhelms jüngerer Bruder Wilhelm als brutaler »Kartätschenprinz« einen Namen. Aus Baden, dem Zentrum des Widerstands, wandern 80 000 Menschen aus, das sind fünf Prozent der Bevölkerung.

➤ Die Grundrechte

Die Versammlung in der Paulskirche formuliert erstmals in Deutschland individuelle Freiheitsrechte der Bürger: Freiheit der Person, der Meinungsäußerung, des Gewissens, Versammlungsfreiheit, Gleichheit vor dem Gesetz, Freizügigkeit, Berufsfreiheit und Unverletzlichkeit des Eigentums. Da die Verfassung aber nicht angenommen wird, treten auch diese Grundrechte erst 1919 in der Weimarer Republik in Kraft.

Die Krone aus »Dreck und Letten«

Ein »Diadem, aus Dreck und Letten der Revolution, des Treubruchs und des Hochverrates geknetet« nennt Friedrich Wilhelm IV. die ihm angebotene Kaiserkrone. War es also von vornherein ein hoffnungsloses Unterfangen, weiter auf eine Monarchie zu setzen?

Bereits im April 1848 stritten sich zwei Männer leidenschaftlich über diese Frage: Der Mannheimer Rechtsanwalt Friedrich Hecker (1811–1881) fordert eine republikanische Verfassung, wogegen Heinrich Reichsfreiherr von Gagern (1799–1880), Mitbegründer der Allgemeinen Deutschen Burschenschaft und Sprecher der hessischen Liberalen, einen Konsens anstrebt: eine konstitutionelle Monarchie unter Einbeziehung Österreichs. Die »großdeutsche« Lösung mit Österreich scheitert jedoch, da Felix von Schwarzenberg, der Regent für den geistig behinderten Kaiser Ferdinand I., den Einschluss der nichtdeutschen Länder fordert, obwohl dort eigene nationale Bestrebungen herrschen.

Bleibt also die Frage: Republik oder Monarchie? Hecker und seine Anhänger versuchen in Baden dreimal die Republik auszurufen, jedes Mal werden die Aufstände von preußischen Truppen niedergeschlagen. Hätte es eine Chance gegeben, wenn alle revolutionären Kräfte von Anfang an entschlossen und notfalls mit Gewalt auf die Republik gesetzt hätten? Die meisten Historiker verneinen diese Frage. Es gab in Deutschland nicht diesen breit gestreuten Hass auf den Adel wie in Frankreich. Außerdem war Frankreich kein ermutigendes Vorbild. Nicht nur die Revolution von 1789 ertrank in Blut, sondern auch im Juni 1848 gab es 10 000 Tote, als die neue Regierung Massenproteste der Arbeiter niederschlagen ließ.

Es gab also durchaus Gründe, den Konsens zu suchen, zumal Friedrich Wilhelm IV. nicht der Hardliner war, den seine schroffe Ablehnung suggeriert. In Wahrheit war er ein wankelmütiger, ängstlicher Mensch, der die Krone vermutlich auch deshalb ablehnte, weil er Angst vor den Reaktionen Russlands und Österreichs hatte.

Drei Kriege auf dem Weg zum Staat – die Reichsgründung

Ganz zurückdrehen können die Fürsten die Uhr nach 1848 nicht mehr. Nach und nach bekommen alle deutschen Staaten eine Verfassung »von oben«. Am liberalsten ist sie in Baden, auch Bayern macht Zugeständnisse ans Volk, in Preußen dagegen wird ein halbwegs liberaler Ansatz schnell verschärft. Am Ende steht das berüchtigte Dreiklassenwahlrecht, das den Reichsten im Land (4,7 Prozent der Bevölkerung) so viel Einfluss zugesteht wie den 82,6 Prozent der Ärmsten. Trotzdem wagt der Landtag 1859, König Wilhelm das Budget für eine Heeresreform zu verweigern. Der einstige »Kartätschenprinz« ist nahe daran abzudanken, findet aber einen Kanzler, der bereit ist, gegen das Parlament zu regieren: Otto von Bismarck.

Der Konflikt mit Österreich

Den Konflikt mit dem preußischen Landtag verschleppt Bismarck, denn ihm geht es um Österreich. 1851 wurde, weil man sich auf keine andere Konstruktion einigen konnte, der Deutsche Bund mit Österreich als Vorsitzendem wiederbelebt. Bismarck sieht voraus, dass das nicht gut gehen kann, und ist entschlossen, Österreich aus Deutschland herauszudrängen, vor allem da die kleineren Staaten wieder einmal gegen den Wind kreuzen. Über den Zollverein sind sie eng an das wirtschaftlich rasant expandierende Preußen gebunden, aus Angst vor dessen Militärmacht neigen sie politisch aber eher zu Österreich.

1863 regt Österreich eine Reform des Bundes an. Bismarck torpediert den Vorstoß durch drei Bedingungen: die völlige Gleichberechtigung Preußens, ein Vetorecht für beide Großmächte und eine gewählte Nationalvertretung. Mit der letzten Forderung hat er sämtliche liberalen Kräfte in Deutschland für sich. Dabei weiß er ganz genau, dass Österreich nie zustimmen wird, weil sonst alle nichtdeut-

König Wilhelm I. von Preußen, der spätere Deutsche Kaiser

schen habsburgischen Länder Ähnliches fordern.

Im Jahr 1864 kochen die nationalen Gefühle in Deutschland wieder einmal über. Der dänische König Christian IX. bestätigt eine Verfassung, die Schleswig in den dänischen Staat integriert, obwohl 1852 ein Sonderstatus für das halb dänische, halb deutsche Schleswig-Holstein vereinbart wurde. Bismarck macht sich unbeliebt, indem er nicht sofort die Armee mobilisieren lässt, sondern nur auf die Einhaltung des Vertrags von 1852 pocht. Er vermeidet damit das Eingreifen von England und Russland, stellt Christian jedoch ein Ultimatum von 48 Stunden, um die Verfassung aufzuheben. Als der dänische König dies nicht tut, beginnt Bismarck gemeinsam mit Österreich den Krieg, den er schnell gewinnt.

Nun pfeift auch Bismarck auf den Sonderstatus. Er nötigt Österreich im Vertrag von Gastein zu einer Aufteilung: Schleswig kommt unter preußische Verwaltung, Holstein unter österreichische. Die Österreicher hätten allerdings lieber ein selbstständiges Herzogtum

➤ Der räudige Hermelin

Der Patriotismus aus der ersten Hälfte des 19. Jahrhunderts ist auch nach 1848 ungebrochen. Überall werden patriotische Vereine gegründet. Bismarck jedoch meint, es liege ihm fern, »unsere Preußische und egoistische Politik mit dem räudigen Hermelin des Deutschen Patriotismus aufzuputzen«. Doch er weiß die Stimmung der Massen geschickt auszunutzen, wenn es ihm ins Konzept passt.

Schleswig-Holstein gehabt. Als sie merken, dass die Mehrheit der deutschen Staaten dafür zu haben ist, beantragen sie 1866, die Entscheidung dem Deutschen Bund zu überlassen. Bismarck erklärt das zur Verletzung des Vertrags von Gastein, lässt Holstein besetzen und beantragt einen Ausschluss Österreichs aus dem Deutschen Bund. Als Österreich und Bayern die Bundesarmee mobilisieren, tritt Preußen aus dem Bund aus und beginnt den Krieg.

Der Konflikt ist extrem unpopulär, aber schnell entschieden. Nach kaum zwei Wochen hat die überlegene preußische Armee zwölf kleinere Bundesstaaten und Österreich geschlagen. Österreich ist gezwungen, die Gründung eines Norddeutschen Bundes unter preußischer Führung anzuerkennen.

König Wilhelm I. wäre gerne in Wien einmarschiert und hätte den Gegner so richtig gedemütigt. Aber Bismarck setzt sich wieder einmal durch. Österreich muss sich lediglich aus der deutschen Politik zurückziehen, wird aber nicht geschädigt. Dafür annektiert Preußen die Habsburger Verbündeten Hannover, Kurhessen, Nassau und Frankfurt sowie Schleswig-Holstein.

FÜR BESSERWISSER

Verpönte Farben

Als Bismarck 1867 die Verfassung für den Norddeutschen Bund zusammenzimmerte, legte er kurzerhand die Farben Schwarz-Weiß-Rot für die Flagge der Kriegs- und Handelsmarine fest. 1871 wurde die Marineflagge für das Deutsche Reich übernommen: »Sonst ist mir das Farbspiel ganz einerlei«, schrieb Bismarck. »Meinetwegen Grün und Gelb und Tanzvergnügen, oder auch die Farbe von Mecklenburg-Strelitz! Nur will der preußische Troupier nichts von Schwarz-Rot-Gold wissen!«

Der Konflikt mit Frankreich

Bismarck beschränkt sich vorsichtshalber auf einen Norddeutschen Bund, der an der Mainlinie endet, um Frankreich nicht herauszufordern. Im Geheimen jedoch schließt er mit den süddeutschen Staaten Schutzbündnisse ab. Napoleon III. ist überaus verärgert, denn er war gerade noch dabei, mit den beiden Staaten über Belohnungen für seine Neutralität zu verhandeln, da war der Konflikt auch schon wieder beendet und zwi-

Im Spiegelsaal des Versailler Schlosses wird Wilhelm I. am 18. Januar 1871 zum Deutschen Kaiser gekrönt

schen den Kontrahenten alles geregelt.

1870 bekommt Prinz Leopold von Hohenzollern-Sigmaringen – eine katholische Seitenlinie des preußischen Herrscherhauses – die spanische Königskrone angeboten. Bismarck drängt ihn zur Annahme – weniger wegen Spanien als vielmehr, um Frankreich zum lang erwarteten Angriff zu provozieren. Als die Sache bekannt wird, kochen dort auch prompt die Emotionen über und Leopold verzichtet erschrocken auf die Krone. Vermutlich hätte das Ganze nur mit einem Ansehensverlust Preußens geendet, wenn der französische Außenminister nicht seinen Botschafter nach Bad Ems geschickt hätte, wo sich König Wilhelm I. gerade zur Kur befindet. Er drängt den König zu einer Erklärung, auch in Zukunft auf die spanische Krone zu verzichten.

Als Bismarck die Depesche seines Königs über diesen Vorfall in der Hand hat, erkennt er die Gunst der Stunde. Er veröffentlicht den Text und stellt damit die französische Regierung vor aller Welt bloß. Gedrängt von der französischen Öffentlichkeit, die vom Außenminister bereits vor dem Emser Fauxpas auf die »nationale Ehre« eingeschworen worden war, erklärt Napoleon III. Deutschland den Krieg. Möglicherweise hoffte er, Österreich und die süddeutschen Staaten würden sich an seine Seite schlagen. Stattdessen werden Bismarcks geheime Schutzabkommen gültig und Napoleon sieht sich dem gesamten, national ebenfalls aufgeputschten Deutschland gegenüber.

Während der Krieg noch ausgefochten wird, bereitet Bismarck bereits die deutsche Einigung vor. Nach dem Sieg trägt Ludwig II. von Bayern, der zuvor mit reichlich Geld für seine Schlossbauprojekte gefügig gemacht wurde, Wilhelm von Preußen die deutsche Kaiserkrone an. Die Krönung erfolgt schließlich am 18. Januar 1871 im Spiegelsaal von Versailles. Organisatorisch ist die Eingliederung der süddeutschen Staaten in den Norddeutschen Bund, der jetzt Deutsches Reich heißt, nun kein Problem mehr.

FÜR BESSERWISSER

Die leidigen Formalia

Vor der Krönung hatte Bismarck wieder einmal einen Kampf mit seinem König auszufechten. Wilhelm I. wäre viel lieber weiter als »König von Preußen« an der Spitze des neuen Staatsgebildes gestanden. Aber das war mit den süddeutschen Ländern nicht zu machen. Auch »Kaiser von Deutschland« lehnten sie ab. Schließlich musste Wilhelm doch zähneknirschend in »Deutscher Kaiser« einwilligen.

➤ Elsass-Lothringen

Anders als im deutsch-österreichischen Krieg stellt Bismarck nach dem Sieg über Frankreich harte Bedingungen. Er verlangt fünf Milliarden Francs und die Herausgabe von Elsass-Lothringen. Damit folgt er einerseits den Wünschen der Militärs, die eine »Pufferzone« zu Frankreich verlangen. Andererseits trägt er damit auch der Stimmung in der Bevölkerung Rechnung. Allerdings belastet diese Abtretung das künftige Verhältnis zu Frankreich schwer, vor allem weil Elsässer und Lothringer gar keinen Anschluss an das Deutsche Reich wünschen.

Bismarck zieht die Fäden – das Deutsche Reich

Ein Großteil der Bevölkerung begrüßt die deutsche Einigung begeistert. Kaum jemand sieht die Gefahr, dass die anderen europäischen Staaten diese Verschiebung im Gleichgewicht der Mächte mit Misstrauen beobachten. Bismarck schon. Während der Kaiser einen glanzvollen Repräsentanten der neuen Herrlichkeit abgibt und die Öffentlichkeit von Weltpolitik und Kolonien träumt, zieht Bismarck vorsichtig im Hintergrund die Strippen. Sein Hauptziel: das 1871 gedemütigte Frankreich zu isolieren.

Der »ehrliche Makler«

Bismarck erklärt das Deutsche Reich öffentlich für »saturiert«. 1872 schließt er mit Russland und Österreich ein Dreikaiserbündnis und achtet peinlich darauf, dass die beiden Koalitionspartner nicht aneinander geraten. Das ist leichter gesagt als getan, denn auf dem Balkan beginnen sich Gräben aufzutun. Nach der Befreiung der Balkanvölker durch den russisch-türkischen Krieg 1877/78 organisiert Bismarck deshalb in Berlin einen Kongress, um die neuen Verhältnisse befriedigend im Sinne der Großmächte zu regeln. Russland erhält Teile Rumäniens, Österreich darf Bosnien und Herzegowina besetzen, Großbritannien bekommt Zypern.

Otto von Bismarck gilt als der eigentlich mächtigste Mann im frisch geeinten Deutschland

➤ Geheime Machenschaften

1879 schließt Bismarck ein geheimes Bündnis mit Österreich, in dem sich beide Staaten bei einem russischen Angriff zu gegenseitiger Hilfe verpflichten. 1887 versichern Deutschland und Russland in einem ebenso geheimen Rückversicherungsabkommen einander Neutralität im Falle eines unprovozierten Angriffes von Frankreich oder Österreich auf den Vertragspartner. Die beiden Bündnisse widersprechen einander zwar, aber davon weiß ja schließlich niemand.

Bismarck ist als »ehrlicher Makler« auf dem Höhepunkt seines internationalen Ansehens, auch wenn die Russen der Meinung sind, sie hätten angesichts ihrer wohlwollenden Neutralität bei der deutschen Reichsgründung einen größeren Happen verdient. Nur die deutsche Öffentlichkeit versteht nicht, warum ihr Kanzler so gar nichts vom Kuchen abhaben will.

Der 1882 gegründete »Deutsche Kolonialverein« (ab 1887 »Deutsche Kolonialgesellschaft«) macht in der Öffentlichkeit mächtig Stimmung für den Erwerb »lebenswichtiger Kolonien«. Bismarck dagegen sieht überseeische Besitzungen nur als Klotz am Bein, die im Zweifelsfall geschützt werden müssen und überflüssige Probleme mit Frankreich oder England heraufbeschwören können. Schließlich lässt er sich doch dazu herab, die von deutschen Kaufleuten erworbenen Territorien in Afrika und der Südsee als »Schutzgebiete« anzuerkennen – allerdings nicht ohne sich vorher mit Großbritannien verständigt zu haben.

Der Kulturkampf

Innenpolitisch gelingt Bismarck sein Jonglierspiel weniger gut. Seit der Errichtung des Norddeutschen Bundes gibt es mit dem Reichstag ein gewähltes Parlament. Bismarck stützt sich vor allem auf die Parteien der Nationalliberalen und Freikonservativen, die moderne Wirtschaftspolitik mit einem starken Staat und einer Innenpolitik im Sinne der reichen Eliten verbinden.

Andere Kräfte versucht er auszuschalten, doch das misslingt. Erst führt er einen »Kulturkampf« gegen den Katholizismus und die mit ihm verbundene »Zentrums-Partei«, die er für die »Besiegten von 1866« hält – immer verdächtig, dunkle Machenschaften mit den katholischen Mächten Frankreich oder Österreich zu treiben. Mit mehreren Gesetzen verschafft Bismarck dem Staat Einfluss in allen Belangen des katholischen Lebens und geht rigoros gegen Geistliche vor, die sich diesen widersetzen. 1876 sind alle preußischen Bischöfe verhaftet oder ausgewiesen und nahezu ein Viertel der Pfarrstellen vakant. Die Zentrums-Partei aber kann ihre Wahlstimmen bei den Reichstagswahlen 1874 auf 28 Prozent verdoppeln.

Im Jahr 1878 stellt Otto von Bismarck den erfolglosen Kampf ein, weil er wegen einer ökonomischen Krise seine Wirtschaftspolitik vom Freihandel auf Schutzzölle umstellen will und dazu das Zentrum als Unterstützung gegen die Liberalen braucht.

Die industrielle Revolution

Ab 1850 verwandelt sich erst Preußen, danach auch das Deutsche Reich in rasantem Tempo von einer Agrar- zu einer Industriegesellschaft. Vor allem an Rhein und Ruhr, in Oberschlesien und Berlin schießen die Fabriken aus dem Boden. 1871 schüren die fünf Milliarden Francs Kriegsreparationen aus

➤ Befehle aus Rom

Im Vatikan regiert von 1846 bis 1878 Papst Pius IX., und dies wird zum Problem. Er schränkt nämlich die Rechte der Bischöfe ein, verdammt sämtliche politischen und philosophischen Ideen des 19. Jahrhunderts als »Zeitirrtümer« und erklärt 1870 die päpstliche Unfehlbarkeit zum Dogma. Eine konsequente Umsetzung seiner Vorstellungen hätte aus dem Katholizismus tatsächlich eine radikale Sekte gemacht, die in einem unüberwindbaren Gegensatz zu jeder staatlichen Autorität steht (Lektüretipp: Ludwig Anzengruber »Der Pfarrer von Kirchfeld«). So gesehen machen einige der Bismarck'schen Gesetze wie die staatliche Aufsicht in konfessionellen Schulen durchaus Sinn. Doch der »eiserne Kanzler« bekämpft die deutschen Katholiken, als wären sie ein geschlossenes Heer päpstlicher Weisungsempfänger.

Frankreich zusätzlich den Boom der »Gründerjahre«.

Kleinbauern, Tagelöhner, arbeitslos gewordene Handwerksgesellen und ehemalige Heimarbeiter strömen in die neuen Industriezentren. Das Problem der ländlichen Massenarbeitslosigkeit ist damit gelöst, doch dafür bildet sich ein Industrieproletariat. Trotz 14-Stunden-Tag reichen die Löhne oft nur zum Überleben, wenn auch Frau und Kinder mitarbeiten. Die Unternehmer rechtfertigen sich mit dem Konkurrenzdruck durch die britischen Firmen.

Die Veröffentlichung des »Kommunistischen Manifestes« im Februar 1848 ging noch in den Wirren der deutschen Revolution unter. Außerdem sind Vereine oder auch nur Zusammenkünfte von Arbeitern seit dem Weberaufstand von 1844 verboten. So kommt es erst 1863 zur Gründung von Ferdinand Lassalles »Allgemeinem Deutschen Arbeiterverein« in Leipzig.

Ferdinand Lasalle, der Gründer des »Allgemeinen Deutschen Arbeitervereins«

FÜR BESSERWISSER

Arbeiter und Frauen

Parallel zur Arbeiterbewegung gewinnt auch die Frauenbewegung an Schwung. 1865 wird auf der »Ersten Deutschen Frauenkonferenz« in Leipzig der »Allgemeine Deutsche Frauenverein« gegründet. Hauptforderung ist das Wahlrecht. Unter anderem unterstützt auch August Bebel die Frauenbewegung.

Sozialistengesetze und Sozialversicherung

Sowohl Lassalles Arbeiterverein als auch die 1869 von August Bebel und Wilhelm Liebknecht gegründete »Sozialdemokratische Arbeiterpartei« lehnen den gewaltsamen

FÜR BESSERWISSER

Die Eisenbahn

Bereits 1832 versuchte Friedrich List, die Eisenbahn in Deutschland einzuführen. 1835 fährt tatsächlich ein Zug zwischen Nürnberg und Fürth. Doch die deutschen Fürsten haben ein Problem mit Schienennetzen, die über ihre Landesgrenzen und damit über ihre Hoheitsgewalt hinausgehen. In der zweiten Hälfte des 19. Jahrhunderts jedoch wird die Bahn zum Motor der Industrialisierung.

Klassenkampf ab. Doch 1870 hat sich Bebel leidenschaftlich gegen die Kriegskredite und nach dem Krieg ebenso vehement gegen die Annexion Elsass-Lothringens ausgesprochen. Seitdem gelten die Sozialisten nicht nur für Bismarck, sondern auch für andere nationalkonservative Kräfte als Reichsfeinde. Außerdem werden die Gewerkschaften immer stärker und die Arbeiter entwickeln eine Subkultur mit eigenen Konsum-, Spar- und Bauvereinen, Kindergärten, Sport- und Gesangsvereinen. 1878 nutzt Bismarck schließlich zwei Attentate auf Kaiser Wilhelm I., um »wider die gemeingefährlichen Bestrebungen der Sozialdemokratie« vorzugehen, obwohl keiner der Attentäter irgendetwas mit dem Sozialismus zu tun hatte.

Die Sozialistengesetze verbieten zwar nicht die Parteien, geben dem Staat aber die Möglichkeit, alle Vereine, Versammlungen und Veröffentlichungen verbieten zu lassen, wenn sie in irgendeiner Weise die »öffentliche Ordnung« gefährden könnten. Anders als zum Beispiel in Bayern werden die Gesetze in Preußen sehr rigide angewandt. Tausende Sozialisten werden ausgewiesen oder landen im Gefängnis. Die Anhängerschaft der Partei wächst zwischen 1878 und 1890 trotzdem von 400 000 auf 1,4 Millionen.

1881 verkündet Bismarck ein großes sozialpolitisches Programm. Innerhalb der nächsten zehn Jahre führt er eine Krankenversicherung, eine Unfallversicherung und eine Alters- und Invaliditätsversicherung ein. Damit revolutioniert er das Verhältnis von Staat und Hilfsbedürftigen. Statt Almosen gibt es jetzt einen Rechtsanspruch auf Unterstützung in Notlagen. Bismarcks Sozialgesetze werden zum Vorbild für alle anderen Länder. Doch die Arbeiter zieht er damit nicht auf seine Seite.

Das 20. Jahrhundert – vom Kaiserreich zur Demokratie

Das 20. Jahrhundert ist für Deutschland ein Jahrhundert harter Zäsuren. Das so leidenschaftlich herbeigesehnte gesamtdeutsche Reich hat keinen Bestand. Nach nicht einmal 50 Jahren ist es durch nationale Selbstüberschätzung zugrunde gerichtet. Es folgt ein Krieg von bis dahin nicht gekannter Vernichtungskraft, doch ein Neuanfang gelingt danach nicht. Die Weimarer Republik ist wieder überschattet von aggressivem Nationalismus und mündet in das NS-Terrorregime und eine noch größere menschliche Katastrophe.

Die zweite Hälfte des Jahrhunderts dagegen ist eine der friedlichsten Epochen der deutschen Geschichte. Allerdings ist sie geprägt von der Teilung des Landes und bedeutet für die ostdeutsche Bevölkerung Leben in einer sozialistischen Diktatur.

Im Westen dagegen sorgen die Besatzer für einen Aufschwung, der den so mancher Siegermächte überflügelt. Selten in der Geschichte ist ein Land nach einem Angriffskrieg so gut weggekommen. Am Ende des Jahrhunderts steht dann – nachdem man sich mit der Teilung schon fast abgefunden hatte – die überraschende Wiedervereinigung von Ost und West.

Der Weg in die Katastrophe – die wilhelminische Großmachtpolitik

1888 stirbt Kaiser Wilhelm I. Drei Monate später erliegt auch sein Sohn, der liberal eingeschätzte Friedrich III., seinem Krebsleiden und der 29-jährige Wilhelm II. kommt an die Macht. Damit beginnt eine fatale Entwicklung, denn mit dem zweiten Wilhelm und einem Großteil des deutschen Volkes haben sich zwei Partner gefunden, die beide glauben, zu kurz gekommen zu sein. Kurz nach seinem Regierungsantritt entlässt der junge Kaiser den Kanzler Bismarck. Während die Welt besorgt den Atem anhält, verspricht Wilhelm II. seinem Volk »herrliche Zeiten«.

Die deutsche Außenpolitik

Als Prinz bewunderte Wilhelm II. Bismarck, doch er verstand ihn nicht. »Der Kurs bleibt der alte: mit Volldampf voraus!«, verkündet er bei seiner Regierungserklärung. Unglücklicherweise hat er jedoch überhaupt keinen Kurs. Eine Verlängerung des Rückversicherungsvertrages mit Russland lehnt er schroff ab, weil er »freie Hand« haben will. Real führt das dazu, dass er seine Finger überall hineinsteckt und mal diese, mal jene Macht verprellt. Er betreibt eine Orientpolitik, die mit russischen Interessen kollidiert, stößt England mit dem Ausbau der Flotte vor den Kopf und

➤ Ein unglücklicher Charakter

Als Zar Alexander III. den deutschen Prinzen das erste Mal traf, notierte er hinterher, Wilhelm sei ein schlecht erzogener Bursche, dem man nicht trauen dürfe. Bismarcks Sohn Herbert sagte über ihn: »Der fährt mit Hurra den Abhang hinunter.« Es war vermutlich tragisch, dass ausgerechnet jemand, der so geltungssüchtig wie Wilhelm II. war, mit einem verkrüppelten Arm auf die Welt kam und nicht fähig war, den Ansprüchen seiner intellektuellen Mutter, der englischen Prinzessin Victoria, zu genügen.

Für Besserwisser

Säbelgerassel

Während für ganz Europa das Deutsche Reich als Prototyp einer kriegslüsternen Militärmacht gilt, führt Deutschland neben Österreich ironischerweise als einziger Staat zwischen 1871 und 1913 keinen Angriffskrieg gegen eine andere Nation (allerdings einen grausamen Vernichtungskrieg gegen die Herero in Südwestafrika). Auch das deutsche Militärbudget ist mit 36 Prozent der Staatsausgaben nicht höher als das russische und französische und wesentlich niedriger als das englische mit 49 Prozent. Deutschland erwarb sich seinen Ruf allein durch sein aggressives Auftreten.

greift die französische Kolonialpolitik in Marokko an.

Wilhelm und seine Ratgeber sind überzeugt, dass das zaristische Russland und das republikanische Frankreich nie ein Bündnis schließen werden und England und Frankreich wegen ihrer Kolonialpolitik »natürliche Feinde« seien. Im Grunde warten sie darauf, dass England um ein Bündnis bittet.

1893 jedoch schließen Russland und Frankreich eine Allianz, und als 1905 auch noch die nie für möglich gehaltene »Entente cordiale« zwischen Frankreich und England entsteht, ist der Katzenjammer groß und Wilhelm fühlt sich von Feinden eingekreist, während er sich in Wahrheit selbst ausgekreist hat. Noch kurz vor Kriegsausbruch signalisiert England Gesprächsbereitschaft, wenn Deutschland nur bereit wäre, das Flotten-Wettrüsten zu beenden. Doch bei seinem Lieblingsspielzeug geht Wilhelm keinen Kompromiss ein.

Volk und Regierung

Das Volk liebt seinen schneidigen jungen Kaiser anfangs durchaus. Ein großer Teil der Bevölkerung teilt mit ihm seine Technikvernarrtheit, die Vorliebe für pathetische Töne und das naive Vertrauen in die eigene Stärke. Sein Flottenprogramm ist ungeheuer populär (Lesetipp: Heinrich Mann »Der Untertan«). Bei den Anhängern des »Alldeutschen Verbandes« steigert sich dieser Enthusiasmus zu scharfen Kriegs- und Hassparolen. Geht es um die eigenen Ansprüche, dann argumentiert man gnadenlos sozialdarwinistisch und pocht auf das Recht des Stärkeren, während Aktionen der Gegner gerne von moralischer Warte als aggressiv und rücksichtslos bezeichnet werden. Gerade um den Berliner Hofprediger Adolf Stoecker und den Kronprinzen gruppieren sich auch dezidiert frühfaschistische Gruppen mit antisemitischen Parolen.

Neben diesen Negativtendenzen gibt es jedoch vor allem seit der Jahrhundertwende auch viele moderne Entwicklungen im Kaiserreich. Die sozialen Verhältnisse haben sich so weit gebessert, dass auch für die Arbeiter das »kleine Glück« möglich wird. Die ersten Frauen machen Hochschulabschlüsse. Es gibt neue pädagogische Ansätze. Die Jugend rebelliert im Wandervogel, viele Erwachsene in der esoterisch-ökologischen »Reformbewegung« (Lesetipp: Arnold Zweig »Die Zeit ist reif«).

Die Krise

1911 sendet Deutschland das Kanonenboot »Panther« nach Marokko, um ein Zeichen gegen die französische Inbesitznahme Nordafrikas zu setzen. Wochenlang sieht alles nach Krieg aus, dann aber macht der Kaiser einen Rückzieher.

Spätestens jetzt ist den »Alldeutschen« ihre Regierung zu schlapp, bei der Bevölkerung aber wächst der Eindruck, dass ein Krieg unvermeidlich sei. Trotzdem verebbt die Aufregung über die Ermordung des österreichischen Thronfolgers Franz Ferdinand in Sarajewo äußerst schnell. Da der Kaiser ein paar Tage später in den Norwegenurlaub aufbricht und sich auch sonst niemand aus der Regierung zu dem Geschehen äußert, hält man das Ganze für eine rein österreichische Angelegenheit. Erst das Ultimatum an Serbien am 23. Juli schreckt die Bevölkerung schließlich aus ihrer Sommerferienstimmung auf.

➤ Reichs- und Volksdeutsche

In der ganzen deutschen Geschichte war es bisher nie ein Problem gewesen, dass nicht alle Bewohner des Deutschen Reiches deutsch waren und nicht alle Deutschen im Reich lebten. Erst seit 1871 tat man sich plötzlich schwer mit den nationalen Minderheiten und der Tatsache, dass Deutsch(sprachig)e unter »fremder Herrschaft« lebten.

Helmuth von Moltke der Jüngere

1919 geben die Siegermächte des Ersten Weltkriegs Deutschland und Österreich die Kriegsschuld. Die deutsche Bevölkerung ist empört über das »Schanddiktat von Versailles«. Tatsache ist, dass sie wirklich nicht wusste, was im Juli 1914 passierte. Sie war von ihrer Regierung bewusst getäuscht worden.

Helmuth von Moltke setzte den Schlieffen-Plan in die Tat um

Franz Ferdinand wird am 28. Juni von bosnischen Nationalisten erschossen. Während Österreich seit Jahrzehnten versuchte, den Panslawismus in Bosnien-Herzegowina mit aller Härte zu unterdrücken, wurde er im benachbarten Serbien von der Regierung geduldet. Bereits 1912 konnten die Großmächte nur mit Mühe verhindern, dass Österreich in Serbien einmarschierte. Damals drängte auch Deutschland auf eine friedliche Lösung. Diesmal aber lässt die Regierung Österreich mitteilen, dass sie für ein militärisches Vorgehen gegen Serbien sei. Die Dokumente zeigen, dass die deutschen Politiker sich der Gefahr eines Weltkriegs bewusst waren, denn Russland hatte eine Schutzerklärung für Serbien abgegeben. Ein Eingreifen Russlands würde aber sowohl für Deutschland als auch für Frankreich den Bündnisfall bedeuten. Doch die deutsche Regierung hat Angst, zu einem späteren Zeitpunkt den Krieg nicht mehr gewinnen zu können, denn die militärischen Reserven sind fast ausgeschöpft.

Deutschland und Österreich vereinbaren ein bewusst unannehmbares Ultimatum, doch Serbien akzeptiert alle Forderungen bis auf eine. Die aufgeschreckten Großmächte meinen, dieses Problem müsse sich doch aus der Welt schaffen lassen. Ein hektisches diplomatisches Hin und Her beginnt. In dieser Situation gelingt der deutschen Regierung ein kühner Spagat. Während sie gegenüber dem Ausland und der eigenen Bevölkerung den Anschein

und die Juli-Krise

erweckt, sie würde alle Friedensbemühungen nach Kräften unterstützen, verschleppt sie in Wahrheit die Initiativen. Selbst der eigene Kaiser wird hintergangen.

Am 29. Juni beginnt Russland mit der Mobilmachung. Das ist nicht überraschend. Bis das Land kriegsbereit ist, dauert es einige Wochen. Auch in der Balkankrise 1912 hatte Russland schon teilweise mobil gemacht.

Doch nun drängt der deutsche Generalstabschef Helmuth von Moltke energisch auf sofortige deutsche Kriegsvorbereitungen. Denn der Neffe des gleichnamigen Strategen der Einheitskriege hat nur einen einzigen Kriegsplan in der Schublade, den berüchtigten Schlieffen-Plan. Dieser sieht vor, bei Beginn der russischen Mobilmachung sofort mit aller Macht Frankreich auszuschalten, um dann alle Kräfte auf Russland konzentrieren zu können. Deutschland hat also gar keine Zeit abzuwarten, ob Russland wirklich in den österreichisch-serbischen Krieg eingreift. Die Akten geben keinen Aufschluss, ob das der politischen Führung klar war, als sie beschloss, das Attentat von Sarajewo als Testfall für die russisch-französische Kriegsbereitschaft zu benutzen. In der Regierung Wilhelms II. wusste eine Hand oft nicht, was die andere tat.

Jedenfalls startet man eine große propagandistische Schlussoffensive, die so tut, als wäre ein emsig verhandelndes Deutschland schon so gut wie überfallen worden, erklärt am 1. August Russland den Krieg und lügt der Öffentlichkeit vor, russische Soldaten hätten schon vorher die Grenze überschritten. Am 2. August wird auch Frankreich der Krieg erklärt. Das Nachbarland, das in Wahrheit nur diplomatisch aktiv war, soll Bomben über Nürnberg abgeworfen haben. An Belgien wird ein Ultimatum übergeben, das eine Durchmarscherlaubnis fordert. Die belgische Weigerung ändert nichts. Der Schlieffen-Plan sieht keine andere Alternative vor, obwohl man weiß, dass die Verletzung der belgischen Neutralität einen Kriegseintritt der Briten nach sich ziehen wird.

Die alte Welt geht in die Brüche – der Erste Weltkrieg

Es stimmt nicht, dass die deutsche Bevölkerung durchwegs jubelnd in den Ersten Weltkrieg zieht. Noch am 28. Juli gibt es große Demonstrationen der Sozialdemokraten gegen den Krieg. Doch die Lügen der Regierung beschwören nur drei Tage später das Gefühl herauf, von heimtückischen Gegnern überfallen worden zu sein, und die Entschlossenheit, es diesen Feinden heimzuzahlen, eint die Menschen bis weit ins linke Lager hinein. Scharen von Jugendlichen melden sich freiwillig. Die SPD bewilligt die Kriegskredite. Im Grunde aber stellt man sich den Krieg wohl immer noch so vor wie zu Bismarcks Zeiten: kurz und erfolgreich.

Die Ernüchterung

Der Aufmarsch der Russen im Osten vollzieht sich jedoch schneller als erwartet. Die Lage ist äußerst kritisch, bis Paul von Hindenburg und Erich von Ludendorff Ende August bei Tannenberg einen entscheidenden Sieg erringen können. Im Westen gerät unterdessen der Aufmarsch ins Stocken. Zwischen Ende Oktober und Anfang November sterben Tausende unerfahrener, junger Kriegsfreiwilliger in Flandern bei Ypern und Langemarck. Auf einer Frontlinie von 700 Kilometern entwickelt sich ein Stellungskrieg im Schützengraben. Die deutsche Großoffensive auf die Festung Verdun im Frühjahr 1916 endet mit einem schrecklichen Blutbad, dem 700 000 Soldaten zum Opfer fallen, nahezu gleichermaßen Deutsche und Franzosen (Lesetipp: Arnold Zweig »Erziehung vor Verdun«).

Aber auch im Osten kam der Vorstoß im September 1915 zum Erliegen. Die Flotte kommt kaum zum Einsatz. Sie ist einerseits zu kostbar, andererseits zu schwach. Unterdessen schneiden die englischen Kriegsschiffe Deutschland großräumig von Rohstoff- und Lebensmittellieferungen ab. Die deutsche Heeresleitung beginnt deshalb mit einem U-Boot-Krieg,

Der Erste Weltkrieg wütete von 1914 bis 1918, und Millionen deutscher Soldaten fielen ihm zum Opfer

der sich auch gegen britische Handelsschiffe richtet, die zunehmend mit Geschützen ausgerüstet sind. Allerdings verstößt der U-Boot-Krieg gegen die Haager Konventionen, denn diese erlauben die Versenkung eines Handelsschiffes erst, wenn die Mannschaft in Rettungsboote evakuiert ist. Doch auch die englische Blockade ist völkerrechtswidrig, soweit sie Lebensmittellieferungen für die Zivilbevölkerung betrifft.

Der Konsens bricht

Der unerwartet lange erfolglose Krieg lässt auch den inneren Frieden in Deutschland brüchig werden. Im März 1916 spaltet sich die Unabhängige Sozialdemokratische Partei Deutschlands (USPD) von der SPD ab, weil einige Abgeordnete die Kriegskredite nicht länger bewilligen wollen. Im August über-

FÜR BESSERWISSER

Demokraten gegen Idealisten

Natürlich bringt der Krieg die nationale Propaganda auf Hochtouren. Während England und Frankreich sich als Hort der Demokratie und Zivilisation im Kampf gegen die barbarische deutsche Militärdiktatur sehen, glauben die Deutschen ihre Seelentiefe und ihren Idealismus gegen den Krämergeist und die Oberflächlichkeit der Westmächte verteidigen zu müssen.

Kohlrübenwinter

Sowohl die englische Blockade als auch die deutsche Konzentration auf die Kriegswirtschaft führen im Winter 1916/17 zu einer dramatischen Verschlechterung der Versorgungslage in Deutschland. Über Bezugsscheine werden den Menschen nur 1000 Kilokalorien täglich zugestanden. Da auch noch die Kartoffelernte katastrophal war, gibt es fast nur noch Kohlrüben. Im April kommt es zu ersten Hungerstreiks. Insgesamt sterben während des Krieges in Deutschland 750 000 Menschen, vor allem Kinder und Alte, an Hunger und Entbehrung.

trägt Kanzler Theobald von Bethmann Hollweg den populären Generalen Hindenburg und Ludendorff die Oberste Heeresleitung (OHL). Sie starten ein Rüstungsprogramm, das sich mehr und mehr zur Militärdiktatur auswächst. Firmen, Schulen und Universitäten werden geschlossen, um Arbeiter für die Rüstungsindustrie zu rekrutieren. Da dies noch nicht ausreicht, werden auch Frauen und belgische Zwangsarbeiter verpflichtet.

Nachdem man bereits im Mai 1915 mit der »Lusitania« einen Dampfer versenkt hatte, der zwar Waffen, aber auch viele amerikanische Zivilisten an Bord hatte, führt die Wiederaufnahme des uneingeschränkten U-Boot-Krieges durch Ludendorff und Hindenburg im April 1917 zum Kriegseintritt der USA.

Im Sommer drängt der Reichstag auf einen Verhandlungsfrieden. Ludendorff zwingt daraufhin den Kaiser, der ansonsten keine Rolle spielt, Reichskanzler Theobald von Bethmann Hollweg zu entlassen. Der preußische Generallandschaftsdirektor Wolfgang Kapp und Admiral Alfred von Tirpitz gründen die »Vaterlandspartei«, die vehement für einen Siegfrieden stimmt und Stimmung gegen alle »Feiglinge und Verräter« macht.

Das böse Ende

1917 sieht die Lage für Deutschland erst einmal nicht schlecht aus. In Russland beginnt im März die Revolution und die Front löst sich auf. Nach harten Verhandlungen kann die OHL Lenin im Winter 1917/18 zwingen, im Frieden von Brest-Litowsk auf alle Länder von Estland bis zur Krim zu verzichten. Deutschland besetzt das Baltikum und Polen und erhält außerdem noch sechs Milliarden Goldmark zugesprochen. Russland verliert dadurch 26 Prozent seines Territoriums.

Im Frühjahr 1918 beginnt Ludendorff eine große Offensive im Westen. Nach einem möglichen Scheitern befragt sagt er: »Dann muss Deutschland eben zugrunde gehen!« Zunächst scheint das deutsche Heer recht erfolgreich zu sein, doch den Alliierten gelingt es im Juni, den Vorstoß zu stoppen. Im Sommer 1918 sterben rund eine Million deutsche Soldaten, bis Ludendorff am 29. September plötzlich sofortige Waffenstillstandsverhandlungen von der Regierung fordert. Er drängt darauf, auch Mitglieder des Parlaments daran zu beteiligen. Damit wälzt er die Ver-

Friedrich Ebert (SPD), der erste Reichspräsident der neuen Weimarer Republik

➤ Der 14-Punkte-Plan

Im Januar 1918 stellte der amerikanische Präsident Woodrow Wilson einen 14-Punkte-Plan für einen »Frieden ohne Sieg« auf. Er forderte darin unter anderem Grenzziehungen nach dem Willen der Einwohner eines Landes, für Deutschland hätte dies eine Abtretung Elsass-Lothringens an Frankreich und ein unabhängiges Polen zur Folge. Reparationen und Annexionen dagegen sollte es nicht geben. Doch weder die deutsche Seite noch ihre Gegner waren damals daran interessiert.

FÜR BESSERWISSER

Die Dolchstoß-Legende

Während Ludendorff Politikern wie Ebert und Erzberger die Verantwortung für den gescheiterten Krieg zuschiebt, beginnt er, an der Dolchstoß-Legende zu stricken. Die deutsche Armee sei im Felde unbesiegt geblieben (was natürlich nicht der Wahrheit entsprach) und der Krieg durch den »Fall der Heimatfront« verloren gegangen. Nach Bekanntgabe der Versailler Friedensbedingungen 1919 fällt die Behauptung auf fruchtbaren Boden. Schließlich war keine fremde Armee in Deutschland einmarschiert und Ludendorff hatte kurz vor der Kapitulation noch geschönte Siegesmeldungen verbreitet. Außerdem geriet im Nachhinein in Vergessenheit, dass die November-Aufstände in Deutschland Folge, nicht Ursache der Kapitulation waren.

antwortung für die Beendigung des Krieges vollständig auf die Politiker ab. Der liberale Prinz Max von Baden wird neuer Reichskanzler, Friedrich Ebert (SPD) und Matthias Erzberger (Zentrum) Staatssekretäre.

Für die neue deutsche Regierung ist es ein schwerer Schock, dass die Alliierten ihnen keinen Frieden auf der Basis des 14-Punkte-Planes anbieten, sondern die bedingungslose Kapitulation fordern. Doch die OHL drängt den deutschen Verhandlungsführer Matthias Erzberger am 11. November in Compiègne dazu, »alles zu unterschreiben«. Damit ist ein grausamer Krieg zu Ende, in dem rund 8,5 Millionen Soldaten und darüber hinaus 1,5 Millionen Zivilisten ihr Leben verloren.

Umsturz oder Wahlen?

Eigentlich entsteht mit dem Kabinett »Max von Baden« eine neue, handlungsfähige Regierung, die am 28. Oktober auch schon eine Verfassungsreform verabschiedet. Doch einen Tag später kommt die Marineleitung in Wilhelmshaven auf die Idee, zu einem letzten Seegefecht gegen die Engländer auszulaufen, um »die Ehre der Waffengattung zu retten«.

Die Matrosen meutern jedoch. Als die Rädelsführer festgenommen und nach Kiel gebracht werden, kommt es dort am 3. November zu Aufständen, die schnell im ganzen Land um sich greifen. Auf Betreiben der Sozialisten werden überall Soldaten- und Arbeiterräte gewählt. In München stürzt der bayrische Sozialistenführer Kurt Eisner am 7. November die Monarchie. In Berlin ruft Philipp Scheidemann (SPD) am 9. November von der Rampe des Deutschen Reichstags die Republik aus und kommt damit Karl Liebknecht vom kommunistischen Spartakus-Bund zuvor, der kurz danach die »Sozialistische Republik« nach russischem Muster proklamiert. Max von Baden beschließt, die Regierungsgewalt an Ebert zu übergeben, der einen provisorischen »Rat der Volksbeauftragten« bildet.

Vom 16. bis 20. Dezember entscheiden sich die Arbeiter-, Soldaten- und Bauernräte, die während der Revolution mehr oder minder spontan in Betrieben oder Truppenteilen gewählt wurden, auf einem Kongress gegen die Räterepublik und für Parlamentswahlen am 19. Januar 1919. Auch die oberste Heeresleitung signalisiert Ebert und den Vertretern einer parlamentarischen Lösung ihre Unterstützung. Unterdessen dankte auch Wilhelm II. ab und ging ins Exil, nachdem ihm seine Generäle klar gemacht hatten, dass sie nicht bereit seien, gegen die Revolutionäre zu marschieren.

An den Wahlen vom 19. Januar beteiligen sich 83 Prozent aller Deutschen. Zum ersten Mal dürfen auch Frauen wählen. SPD (37,9 Prozent), Zentrum (19,7 Prozent) und die linksliberale Deutsche Demokratische Partei (18,5 Prozent) bilden die neue Regierung. Philipp Scheidemann wird nun Regierungschef, Friedrich Ebert Reichspräsident.

➤ Keine Chance für die Räterepublik

Trotz der Entscheidung des Rätekongresses kämpfen einzelne Gruppen weiter für eine Räterepublik und eine Sozialisierung der wirtschaftlichen Ressourcen. Die neue Regierung beschließt, diese Bewegung mit Hilfe von Militär und Freikorps niederzuschlagen, doch damit macht sie sich in den Augen vieler Linken zum Verbündeten der reaktionären Kräfte. Den blutigen Höhepunkt bilden die Niederschlagung des Spartakusaufstandes in Berlin im Januar 1919 und die Ermordung von Karl Liebknecht und Rosa Luxemburg durch Freikorpsoffiziere sowie die Zerschlagung der Münchner Räterepublik im Mai.

Zum Scheitern verurteilt? – die Weimarer Republik

Die neue Regierung ist kaum im Amt, als im Mai 1919 die Bedingungen des Versailler Friedensvertrages bekannt werden. Das Entsetzen ist riesengroß, denn immerhin hatte man ja mit dem Kaiser und den alten Kräften gebrochen. Außerdem ist die deutsche Bevölkerung immer noch fest überzeugt, dass Russland im Juli 1914 den Krieg begonnen hatte. Doch die Siegermächte lassen der neuen Regierung keine Wahl. Werde der Vertrag nicht so unterschrieben, wie er ist, werde man den Krieg wieder aufnehmen, drohen sie. Doch selbst wenn man das gewollt hätte, wäre es nicht möglich gewesen. Deutschland musste bereits im November 1918 alle schweren Waffen abgeben.

Schwere Hypothek

Im Vertrag von Versailles wird Deutschland nicht zerschlagen, sondern verliert nur Elsass-Lothringen, einen Großteil der Ostgebiete und alle Kolonien. Das Saar- und das Rheinland werden für 15 Jahre besetzt. An der Saar soll danach die Bevölkerung entscheiden, ob sie deutsch oder französisch werden möchte. Das Heer wird begrenzt, moderne Waffen werden verboten und die Freikorps sollen sich auflösen. Dazu kommen Reparationszahlungen, deren Höhe noch nicht feststeht. Da Deutschland die alleinige Schuld am Krieg zugeschrieben wird, wird es auch für alle entstandenen Schäden verantwortlich gemacht. Vorerst werden ein großer Teil der Kohleförderung, der chemischen und pharmazeutischen Produktion sowie die Handelsflotte, Binnenschiffe, Lokomotiven, Eisenbahnwaggons und der halbe Milchviehbestand gefordert. Da in Deutschland immer noch Hunger herrscht, ist Letzteres durchaus von Belang. Doch keine materielle Forderung erregt die Menschen so sehr wie der Kriegsschuld-Paragraph.

Während sich die Regierung notgedrungen um eine Erfüllung der

Bedingungen bemüht, erhalten die Radikalen starken Zulauf. Im März 1920 putschen Freikorps und Reichswehreinheiten unter Führung von Wolfgang Kapp und besetzen die Regierungsgebäude in Berlin. Die Regierung flieht nach Stuttgart. Der Chef der Reichswehr weigert sich, gegen ehemalige »Kameraden« aktiv zu werden. Am Ende scheitert der Putsch am passiven Widerstand der Beamten und einem Generalstreik der Gewerkschaften. Im Schatten des Putsches entstehen in Thüringen, Sachsen und im Ruhrgebiet bewaffnete Verbände unter kommunistischer Leitung. Ihr Widerstand richtet sich nicht nur gegen die Putschisten, sondern auch gegen die Regierung und wird mit Hilfe von Freikorps niedergeschlagen. Ein personeller Neuanfang gelingt unter diesen Umständen nicht, da die Regierung sich nicht anders zu helfen weiß, als gegen die Radikalen rechts und links immer wieder auf halbwegs gemäßigte alte Kräfte zurückzugreifen. Bei den Reichstagswahlen am 6. Juni verliert die Koalition prompt ihre Mehrheit. Die SPD gerät in die Opposition. Generell zeigt sich die Tendenz, dass in der Weimarer Republik nie diejenigen Parteien Wahlen gewinnen, die Regierungsverantwortung übernehmen, sondern die, die lautstark protestieren (Lesetipp: Hans Fallada »Wolf unter Wölfen«).

FÜR BESSERWISSER

Weimar

Die Weimarer Republik bekam ihren Namen deshalb, weil die Nationalversammlung, die die Verfassung ausarbeitete, in Weimar tagte.

Die Reparationen

Zu Beginn des Jahres 1921 werden endlich die Reparationszahlungen festgelegt. Deutschland soll innerhalb von 42 Jahren 226 Milliarden Goldmark zahlen. Als die Regierung diese Forderung zurückweist, besetzen die Franzosen Städte im Ruhrgebiet. Schließlich wird die Summe auf 132 Milliarden Mark heruntergesetzt.

Während die Regierung nun wieder versucht, die Bedingungen zu erfüllen, steigert sich die Hetze gegen die »Verräter«. Im August wird Finanzminister Erzberger erschossen. Danach richtet sich der Hass der Rechten gegen den jüdischen

FÜR BESSERWISSER

Kein gutes Geschäft
Insgesamt zahlte Deutschland an die Alliierten 21,3 Milliarden Mark. Durch die Inflation aber, die dadurch ausgelöst wurde, wurden allein 15 Milliarden Mark an ausländischem Kapital vernichtet.

Außenminister Walter Rathenau. Obwohl er im Vertrag von Rapallo die Aufnahme diplomatischer Beziehungen mit Russland und einen Verzicht auf alle Reparationsansprüche von Seiten der Sowjetunion erreicht, wird er im Juni 1922 von rechtsradikalen Offizieren umgebracht.

Frankreich jedoch bleibt hart in seinen Forderungen. Je hysterischer die nationalen Töne in Deutschland werden, desto vehementer fordert auch die französische Bevölkerung, den »Erbfeind« möglichst schwach zu halten. Als Deutschland im Januar 1923 mit den Zahlungen in Rückstand gerät, besetzen die Franzosen das Ruhrgebiet. Die Bevölkerung reagiert mit einem passiven Widerstand, der von ganz Deutschland unterstützt wird. Doch die Versorgung der Streikenden und die Ausfälle an Steuern und Kohlelieferungen kosten das Reich täglich 40 Millionen Mark. Die Regierung behilft sich, indem sie mehr Geld druckt. Im Mai stürzt der Kurs der Mark ins Bodenlose. Ende September erklärt Reichskanzler Gustav Stresemann notgedrungen ein Ende des Widerstandes. Die rechten Rufe nach Umsturz und Diktatur werden noch lauter. In München versucht die NSDAP, geführt von Ludendorff und Hitler, den Putsch. Am 15. November macht die Einführung der an den Dollar gekoppelten Rentenmark dem wirtschaftlichen Wahnsinn ein Ende.

Weimar konsolidiert sich

1924 scheint das Schlimmste ausgestanden. Durch die Einführung der Rentenmark und eine vernünftige Finanzpolitik erholt sich die Wirtschaft erstaunlich schnell. Auf Drängen der Amerikaner werden die Reparationszahlungen für die nächsten fünf Jahre dem wirtschaftlichen Wachstum angepasst. 1925 gelingt Außenminister Stresemann eine Annäherung an Frankreich, indem er im Vertrag von Locarno die Grenzen Frankreichs und Belgiens als unabänderlich anerkennt. Der französische Außenminister Aristide Briand lässt dafür die Kölner Zone des Rheinlandes räumen. Ein Jahr später wird Deutschland in den Völkerbund aufgenommen und Stresemann erhält zusammen mit Briand den Friedensnobelpreis. Mit Hilfe amerikanischer Milliardenkredite können die Industriebetriebe modernisiert werden und die Produkte werden wieder konkurrenzfähig. Man kommt wieder auf 11,6 Prozent der Weltindustrieproduktion (1913: 14,6 Prozent).

Für die Arbeiter und kleinen Angestellten bleibt das Leben trotzdem hart. Kulturell aber kann Deutschland in den »Goldenen Zwanzigern« mithalten. In der Architektur gehört das »Bauhaus« zur internationalen Avantgarde. Ernst Lubitsch, Fritz Lang und Friedrich Wilhelm Murnau drehen die großen Klassiker des Films. Wilhelm Furtwängler bringt mit den Berliner Philharmonikern Arnold Schönbergs als unaufführbar geltende Zwölftonmusik zu Gehör. Im Deutschen Theater inszeniert Max Reinhardt. Brecht, Thomas und Heinrich Mann, Remarque, Kästner, Fallada, Döblin, Zweig und Feuchtwanger schreiben ihre großen Werke. Doch die Nationalisten können mit der modernen Kultur nichts anfangen. Für sie ist das alles »unsittlich«, »entartet« und »ausländisch beziehungsweise jüdisch unterwandert«. »Nationalsozialismus ist das Gegenteil von dem, was heute ist«, erklärt der NSDAP-Funktionär Gregor Strasser das Programm seiner Partei.

➤ Die Inflation

Die Entwertung der Mark begann bereits nach Kriegsende durch die Unterstützung der Kriegsgeschädigten, Flüchtlinge und der vielen Arbeitslosen. Die Mark fiel von 14 Dollar im August 1919 auf 191 (Januar 1922), 17 972 (Januar 1923) und schließlich 4,6 Billionen Dollar (August 1923). Alle Sparguthaben waren damit wertlos. Löhne mussten sofort nach der Auszahlung in Sachwerte umgesetzt werden. Schulden dagegen lösten sich in nichts auf und manche Spekulanten wie zum Beispiel der Unternehmer Hugo Stinnes machten ein Vermögen.

Für Besserwisser

Einstein wird vertrieben
Auch die Naturwissenschaften gedeihen allen politischen Schwierigkeiten zum Trotz. Zwischen 1901 und 1932 kommen 38,1 Prozent aller Nobelpreisträger aus dem deutschsprachigen Raum, 16,5 Prozent aus Großbritannien, 13,4 Prozent aus Frankreich und nur 5,1 Prozent aus den USA. Doch während zum Beispiel Albert Einstein im Ausland vergöttert wird, wird er in Berlin angepöbelt und bedroht. 1932 emigriert er, nachdem seine Frau fast wahnsinnig vor Angst geworden ist.

Das Scheitern

1929 kommen zwei Dinge zusammen. Zuerst regeln die Alliierten die noch ausstehenden Reparationszahlungen. Bis 1988 sollen jedes Jahr zwei Milliarden Mark abgeleistet werden. Obwohl es sich faktisch um eine Verbesserung der Bedingungen handelt, sorgt die lange Laufzeit wieder für Empörung. Für die Deutsche Nationale Volkspartei (DNVP), die im »Alldeutschen Verband« und Kapps »Vaterlandspartei« ihre Wurzeln hat, und die bis dahin recht bedeutungslose NSDAP ist das der Auftakt zu einer immer hysterischer werdenden Hasskampagne gegen die demokratischen Kräfte. Dass im Gegenzug das Rheinland fünf Jahre früher als ursprünglich vorgesehen geräumt wird, spielt keine Rolle. Das zweite Ereignis ist der wirtschaftliche Zusammenbruch der USA. Die nach dem »Schwarzen Freitag« (25.10.) einsetzende Weltwirtschaftskrise sorgt dafür, dass viele deutsche Unternehmen in Konkurs gehen und die Arbeitslosigkeit von sieben Prozent im Jahr 1928 auf über 30 Prozent im Jahr 1932 steigt. Während andere Länder die Krise allmählich in den Griff bekommen, gelingt es in Deutschland nicht (Lesetipps: Hans Fallada »Der eiserne Gustav«, »Kleiner Mann, was nun?«).

Von der aufgepeitschten öffentlichen Meinung unter Druck gesetzt,

Für Besserwisser

Wölfe im Schafspelz
Joseph Goebbels schreibt 1928 »Wir werden Reichstagsabgeordnete, um die Weimarer Demokratie mit ihrer eigenen Unterstützung lahm zu legen. Wenn die Demokratie so dumm ist, uns für diesen Bärendienst Freifahrkarten und Diäten zu geben, so ist das ihre Sache. Wir kommen als Feinde!«

Hitler wird Reichskanzler

Paul von Hindenburg (1847–1943) konnte Hitler nicht ausstehen. Als die NSDAP im Juli 1932 stärkste Fraktion wird und ihr Führer die Regierungsverantwortung einfordert, lehnt der »Sieger von Tannenberg« und Mitbegründer der Dolchstoß-Legende schroff und angewidert ab.

Doch obwohl er seit 1925 Präsident der Weimarer Republik ist, bleibt Hindenburg im Grunde seines Herzens monarchistisch. Als er 1932 mit den Stimmen der SPD wiedergewählt wird, während seine deutschnationalen Gesinnungsgenossen für Hitler stimmen, und Brüning dann auch noch Politik gegen die ostelbischen Großgrundbesitzer macht, tauscht Hindenburg den Kanzler gegen den völlig unbedeutenden Franz von Papen aus, den ihm sein Vertrauter Kurt von Schleicher, ein äußerst undurchsichtiger Reichswehrbeamter, empfohlen hat. Als der von der NSDAP dominierte Reichstag Papen das Misstrauen ausspricht, lässt Hindenburg wieder einmal neu wählen und macht Schleicher selbst zum Kanzler.

Der adelige General überrascht nun mit dem Plan, eine große Koalition für Arbeitsbeschaffungsmaßnahmen ins Leben zu rufen, die von der SPD über die Gewerkschaften bis hin zur NSDAP reichen soll. Indem er den linksnationalen Gregor Strasser zum Vizekanzler macht, möchte er die NSDAP schwächen. Die Partei hatte bei den Reichstagswahlen im November 4,3 Prozent der Stimmen verloren und der Trend setzte sich bei Landtags- und Kommunalwahlen fort. Außerdem scheint die Talsohle der Wirtschaftskrise durchschritten. Doch Strasser fügt sich Hitler, der ihm die Kooperation mit Schleicher untersagt.

Auch den deutschnationalen Kreisen aus Hochfinanz, Industrie und Großagrariertum ist der »rote General« Schleicher inzwischen höchst verdächtig. Angeführt von Papen und Hindenburgs Sohn Oskar drängen sie den mittlerweile 85-Jährigen, Hitler zum Kanzler zu machen. Eingerahmt von einem konservativen Kabinett, so meinen sie, würde er schon »gezähmt«.

untereinander tief gespalten und wirtschaftspolitisch nicht gerade erfahren können sich die Mitglieder einer Großen Koalition nicht auf Maßnahmen einigen. Reichspräsident Paul von Hindenburg bildet deshalb im März 1930 eine Minderheitsregierung mit dem Zentrumspolitiker Heinrich Brüning als Kanzler. Als der Reichstag eine Gesetzesvorlage Brünings ablehnt, setzt Hindenburg sie mit der Notverordnung durch und löst den protestierenden Reichstag auf. Die Neuwahlen machen die NSDAP mit 18 Prozent der Stimmen zur zweitstärksten Fraktion. Zusammen mit den ebenfalls erstarkten Kommunisten sorgen sie dafür, dass das Parlament völlig arbeitsunfähig wird.

Brüning setzt auf eine radikale Senkung der Staatsausgaben, zum Beispiel bei Sozialleistungen und Gehältern, bei gleichzeitiger Erhöhung der Steuern, das allgemeine Elend wird dadurch nur noch größer. Die politische Auseinandersetzung ist mittlerweile von Straßenschlachten paramilitärischer Gruppen, allen voran der SA, geprägt. 1932 lässt Hindenburg Brüning fallen. Bei den anschließenden Wahlen wird die NSDAP mit 37,8 Prozent stärkste Partei. Am 30. Januar 1933 macht Hindenburg Hitler zum Reichskanzler.

Adolf Hitler wurde im Januar 1933 Reichskanzler und hatte von da an freie Hand, seine politischen Ziele zu verwirklichen

FÜR BESSERWISSER

Der Reichspräsident

Der Präsident der Weimarer Republik wird alle sieben Jahre direkt vom Volk gewählt und ist unabhängig von der Zustimmung des Reichstages. Er ernennt und entlässt den Kanzler, kann den Reichstag auflösen und den »Notstand« ausrufen.

Terror in Deutschland – das NS-Regime

»Wir haben ihn uns engagiert«, prophezeit Franz von Papen, »in zwei Monaten haben wir Hitler in die Ecke gedrückt, dass er quietscht.« Doch nach zwei Monaten hat Hitler Deutschland in die Ecke gedrückt. Nach dem Reichstagsbrand vom 28. Februar setzt er per Notverordnung die wichtigsten Grundrechte außer Kraft und schaltet die Kommunisten aus. Am 5. März lässt er schon wieder wählen. Doch obwohl die NSDAP die absolute Mehrheit verfehlt, stimmen nicht nur die treu ergebenen Deutschnationalen, sondern alle Parteien außer der SPD – allerdings massiv unter Druck gesetzt – dem Ermächtigungsgesetz zu, das es Hitler erlaubt, vier Jahre lang Gesetze ohne Beteiligung des Reichstags zu erlassen.

Die totale Kontrolle

Am 31. März bildet Hitler per Gesetz alle Länderparlamente ohne Neuwahlen nach den Mehrheitsverhältnissen im Reichstag um. An die Spitze der Länder setzt er Reichsstatthalter.

Im April beginnt Baldur von Schirach mit dem Aufbau einer Staatsjugend, in der er Elemente des Wandervogel mit militärischem Drill mischt. Ab 1936 wird die Mitgliedschaft Pflicht.

Am 1. Mai lässt Hitler die Arbeiter pompös feiern, am 2. Mai beginnt die Entmachtung der Gewerkschaften. An ihre Stelle tritt die Arbeitsfront, die den ganzen Bereich »Arbeit« staatlich regelt.

Am 10. Mai lässt Joseph Goebbels die Bibliotheken stürmen und verbrennt die Werke der führenden deutschen Schriftsteller.

Die SPD wird am 22. Juni verboten, danach lösen sich alle anderen Parteien selbst auf. Am 14. Juli wird die NSDAP per Gesetz zur einzig legitimen Partei. Die wenigen protestierenden Parteiführer werden wie zuvor die Gewerkschafter in die noch halb geheimen Lager in Dachau und Oranienburg gebracht.

Für die Durchsetzung ihrer Maßnahmen steht den Nationalsozialisten mit der SA eine 300 000 Mann starke, in den Straßenkämpfen der Weimarer Jahre geübte Terrororganisation zur Verfügung. Im Laufe des Jahres wächst sie auf eine Million Mitglieder an, dazu kommen 50 000 SS-Leute. Über Innenminister Frick haben die Nazis aber auch die Kontrolle über die Polizei.

Die Reichswehr kooperiert

Die einzige Organisation, die es in der Hand gehabt hätte, Hitler wirklich gefährlich werden zu können, war die Reichswehr. Doch deren Generäle verständigen sich bereits im Februar 1933 mit Hitler auf einen Kampf gegen den Marxismus und den »Krebsschaden der Demokratie«. Auch den Plänen, langfristig wieder aufzurüsten und »Lebensraum« im Osten zu erobern, stehen vor allem jüngere Militärs positiv gegenüber. Allerdings fordern sie, dass die Macht der SA beschnitten wird. Im Sommer 1934 beseitigt Hitler deswegen den widerspenstigen SA-Führer Röhm. Im Zuge der anschließenden Säuberungen werden unter anderem auch Gregor Strasser und Kurt von Schleicher ermordet.

Der Erfolg der Nationalsozialisten beruht auch darauf, dass sie die bestehenden Organisationen nicht unterwandern, sondern meist Parallelorganisationen aufbauen, wie zum Beispiel ab März 1933 Sondergerichte und im Juli 1934 den Volksgerichtshof, der alle Prozesse, die politisch bedeutsam sind, an sich ziehen kann. Auch sonst werden für alle wichtigen Aktionen »Sonderämter« geschaffen, die von strammen Parteigängern geleitet werden. Im April 1934 wird

➤ Alfred Hugenberg

Im Kaiserreich Mitbegründer des »Alldeutschen Verbandes«, in der Weimarer Republik Führer der DNVP und dazu Inhaber eines mächtigen Industrie- und Presseimperiums ist Alfred Hugenberg (1865–1951) der vielleicht entscheidende Helfershelfer Hitlers auf dem Weg zur Macht. Am 30. Januar 1933 wird er Wirtschaftsminister. Doch im Juni wird die DNVP ebenso entmachtet wie alle anderen Parteien und dem einst so mächtigen Wirtschaftsmagnat bleibt nur der Rückzug in die Bedeutungslosigkeit.

Als Reichspropagandaminister leitete Joseph Goebbels die Selbstinszenierungen des NS-Regimes

Heinrich Himmler zum Chef der Gestapo, die bereits seit Frühjahr 1933 sukzessive aufgebaut wurde.

Die Wirtschaftspolitik

Hitlers Machtpolitik wird von einem Aufschwung unterstützt, der im August 1932 langsam einsetzte. Auf weitere Reparationszahlungen verzichteten die Alliierten auf Initiative Brünings. Schleicher erwirkte bei der Reichsbank eine halbe Milliarde Mark Kredit für Arbeitsbeschaffungsmaßnahmen, und auch die Pläne für den Autobahnbau, der im Spätsommer 1933 mit ungeheurem Propaganda-Getöse begann, lagen schon in den Schubladen des Kanzleramtes bereit. Gestützt auf diese Vorarbeit beginnt das NS-Regime ein Arbeitsbeschaffungsprogramm. Im Mai 1934 wird ein Gesetz verabschiedet, das es erlaubt, Arbeitslose und junge Leute zum Arbeitseinsatz aufs Land zu schicken. Vor allem aber entstehen Arbeitsplätze in der Rüstungsindustrie, die Hitler mit Staatsaufträgen eindeckt. Die Aufrüstung verschlingt bald 61 Prozent der Staatsausgaben. Das Geld dafür stammt aus Krediten der Reichsbank. Die Bevölkerung wird zum fleißigen Sparen angeregt und die

Sparkassen werden gezwungen, Schuldscheine des Reiches zu kaufen. Nach dem Endsieg, so die Planung, sollen die gewaltigen Staatsschulden über Reparationen beglichen werden. Mängel im System werden propagandistisch geschönt, Kritiker durch Zwangsmaßnahmen schnell mundtot gemacht. Tatsächlich ist die »gefühlte« wirtschaftliche Lage meist besser als die reale.

FÜR BESSERWISSER

Absurde Anleihen

Woher die Nationalsozialisten die Versatzstücke für ihre Ideologie nahmen, ist oft nicht nachzuvollziehen. Das Hakenkreuz ist ein altes Glückssymbol vieler Kulturen, darunter auch semitischer, doch bei den Germanen war es eher wenig bedeutsam. »Arier« dagegen ist die Bezeichnung für Angehörige des indisch-iranischen Zweiges der indoeuropäischen Sprachfamilie. Im wissenschaftlich korrekten Sinn waren die einzigen Arier im Nazi-Deutschand die verfolgten Roma.

Ideologie ist alles

Beginnend mit dem Fackelzug der SA durch das Brandenburger Tor am 30. Januar 1933 ist das NS-Regime eine gigantische Selbstinszenierung. Ihr Choreograph ist Joseph Goebbels, der bereits im März 1933 Chef des neu errichteten Ministeriums für Volksaufklärung und Propaganda wird.

In der Ideologie des neuen Staates sind alle populistischen Strömungen, die es schon in der Weimarer Republik gab, eingebunden

Hjalmar Schacht

Das Wirtschaftsprogramm der Nazis wurde von Hjalmar Schacht (1877–1970) geleitet. Hitler, so sagte dieser später, habe von Wirtschaftspolitik überhaupt nichts verstanden. Schacht war in Weimar Mitbegründer der linksliberalen Partei und als Reichsbankpräsident entscheidend für die Bekämpfung der Inflation verantwortlich. 1929 wechselte er ins rechtsradikale Lager und gehörte zu den Leuten, die Hitler förderten und bei Hindenburg empfahlen. 1937 trat er als Wirtschaftsminister zurück und suchte Kontakt zum konservativen Widerstand. Dies brachte ihn 1944 ins Konzentrationslager.

Der Holocaust

Bereits am 1. April 1933 inszeniert Joseph Goebbels den ersten Boykott-Tag gegen jüdische Geschäftsleute. Eine Woche später beginnt die Entlassung jüdischer Beamter. Den Auftakt zur systematischen Erniedrigung und Entrechtung der deutschen Juden stellen jedoch die Nürnberger Rassengesetze vom Sommer 1935 dar, die einen Abstammungsnachweis verpflichtend machen. Danach werden in schneller Folge weitere repressive Gesetze verabschiedet. Der offene Terror beginnt mit der »Reichspogromnacht« am 9. November 1938. Bis zum Kriegsausbruch sind von 560 000 deutschen Juden mehr als die Hälfte geflohen. Die systematische Ausrottung beginnt 1941 im Schatten des Russlandfeldzugs, als in den besetzten polnischen Gebieten Vernichtungslager errichtet werden. Insgesamt töten die Nationalsozialisten rund sechs Millionen Juden, davon allein drei Millionen aus Polen und eine Million aus Russland.

und salonfähig gemacht. Im Grunde ist es ein wirrer Mix, in den jedes Ressentiment passt.

Ein Geheimnis der unheimlichen Anziehungskraft der NS-Ideologie ist, dass sie sich vor allem an Menschen wendet, die bis dahin eher zu den Verlieren gehörten. Bauern, Arbeiter und Angestellte haben nun zwar faktisch weniger Rechte als je zuvor, doch zum ersten Mal das Gefühl, politisch ernst genommen und verstanden zu werden, weil ständig ihr Wert für das »Volksganze« in den Himmel gehoben wird. Ein Volk, das Hitler in Wahrheit zu funktionierenden Sklaven seiner Herrschaft macht, wird ständig als »Herrenvolk« gebauchpinselt.

Innerhalb der NSDAP können diejenigen Karriere machen, die bisher nie die Chance dazu hatten, denn außer absolutem Gehorsam und der Bereitschaft zu Brutalität braucht es nicht viel, um als Blockwart oder SA-Schläger Macht zu erhalten. Auch die Jugendorganisationen werden durch scheinbare Freiräume unter dem Motto »Jugend muss von Jugend geführt werden« attraktiv, doch in Wahrheit bekommen nur die absolut Linientreuen Führungspositionen.

Sechs grauenvolle Jahre – der Zweite Weltkrieg

Am 7. März 1936 lässt Hitler das laut Versailler Vertrag entmilitarisierte Rheinland besetzen. Die 48 Stunden danach, so sagt er später, seien die aufregendsten seines Lebens gewesen. Einem Angriff der Alliierten hätte das deutsche Militär damals vermutlich nicht standgehalten. Doch Großbritanniens Premierminister Neville Chamberlain ist nicht bereit, Frankreich bei einem Krieg zu unterstützen, und so bleibt es bei hilflosen Protesten. Bei den Deutschen aber entsteht der Eindruck, dass außenpolitisch mit Dreistigkeit und demonstrierter Stärke viel erreichbar ist.

Das Vorspiel

1938 nötigt Hitler den österreichischen Bundeskanzler, die Regierung an den Nationalsozialisten Arthur Seyß-Inquart zu übergeben – oder das Land würde von deutschen Truppen besetzt. Danach marschiert er doch ein. Auch die

➤ Kriegschronik

1. September 1939: deutscher Überfall auf Polen
9. April 1940: deutscher Überfall auf Dänemark und Norwegen
10. Mai 1940: deutscher Einmarsch in den Beneluxstaaten
22. Juni 1940: Waffenstillstand und Besetzung von Frankreich
6. Juni 1941: Überfall auf Jugoslawien und Griechenland
22. Juni 1941: Einmarsch in die Sowjetunion
11. Dezember 1941: deutsche Kriegserklärung an die USA
31. Januar 1943: Kapitulation der 6. Armee in Stalingrad
6. Juni 1944: Beginn der Invasion in der Normandie
30. April 1945: Selbstmord Adolf Hitlers
2. Mai 1945: Kapitulation Berlins
8. Mai 1945: bedingungslose Kapitulation des Deutschen Reiches

Adolf Hitler und Neville Chamberlain schließen das »Münchener Abkommen«

deutsch-österreichische Vereinigung ist laut Versailler Vertrag verboten, aber Hitler versicherte sich vorher, dass Italien und England die Aktion hinnehmen würden.

Danach kokettiert er ganz offen mit einem Krieg gegen die Tschechoslowakei, um den 3,5 Millionen Sudetendeutschen »zu Hilfe zu kommen«. Chamberlain fliegt nach München, um den »Weltfrieden« zu retten und gesteht Hitler im »Münchener Abkommen« zu, die Sudetengebiete zu annektieren, wenn er dafür nur den Rest der Tschechoslowakei verschone. Ein halbes Jahr später besetzt Hitler Böhmen und Mähren. Eigentlich will er nun gegen den ideologischen Hauptfeind vorgehen: die Sowjetunion. Doch als ihm Polen nicht gegen die Russen beistehen will, dreht er den Spieß kurzerhand um und schließt einen Pakt mit Stalin. Die beiden Diktatoren vereinbaren eine vierte Teilung Polens, dann überfällt Hitler am 1. September 1939 das Nachbarland, das sich im Gegensatz zur Tschechoslowakei wehrt. Damit hat der Zweite Weltkrieg offiziell begonnen.

Der Krieg

Frankreich und Großbritannien, die Polen ihren Beistand garantiert hatten, erklären Deutschland den Krieg, greifen aber nicht an. England will es wieder mit einer Blockade versuchen und Norwegen besetzen, aber Hitler ist schneller. Er marschiert in die Beneluxstaaten ein und kann am 14. Juni Paris kampflos besetzen. Unterdessen beginnen seine Schergen im Osten eine grausame Unterdrückungspolitik. Außer den Juden werden auch noch 1,5 Millionen nichtjüdische Polen ermordet. Große Teile des einfachen Volkes werden umgesiedelt oder zum Arbeitsdienst verpflichtet.

Doch die Wende hat bereits begonnen. Seit dem 10. Mai 1940 ist Winston Churchill englischer Premierminister, und der ist zur Vernichtung Hitlers entschlossen. Hitlers Pläne, Großbritannien zu einem Bündnis zu nötigen, sind damit hinfällig. Er beginnt den Luftkrieg gegen England, den er aber nach zehn Monaten wegen der hohen Verluste aufgeben muss.

Am 22. Juni 1941 hält er die Zeit für gekommen, um den Krieg gegen den Hauptfeind Sowjetunion zu beginnen. Hitler stachelt nun seine Truppen zur rücksichtslosen Vernichtung der »jüdisch-bolschewistischen Untermenschen« an.

Der Zusammenbruch

Stalingrad markiert eine Wende. Von nun an rückt die Rote Armee gegen Deutschland vor. Aufgeputscht durch die Brutalität, mit der SS und Reichswehr im Osten wüteten, aber auch auf ausdrückliche Anweisung der stalinistischen Führung behandeln nun die russischen Soldaten die Deutschen als »Untermenschen«. Rund zwei Millionen Frauen und Kinder werden grausam vergewaltigt.

Nach der Kapitulation folgt die Vertreibung der deutschstämmigen Bewohner aus Russland, Polen und der Tschechoslowakei. Insgesamt müssen rund zehn Millionen Deutsche fliehen, zwei Millionen kommen dabei um. In Deutschland sterben eine halbe Million Menschen durch Bomben der Alliierten.

Im März 1945 ordnet Hitler an, beim Zurückweichen vor Armeen der Alliierten alles zu zerstören und nur verbrannte Erde zurückzulassen. Das Los der Zivilbevölkerung interessiert ihn nicht.

➤ Das Grauen in Zahlen

Durch Krieg und NS-Terror starben ungefähr 55 Millionen Menschen, davon gut die Hälfte Zivilisten. Die meisten Opfer gab es auf russischer Seite mit etwa 21 Millionen. Prozentual am schlimmsten betroffen war Polen mit etwa sechs Millionen Toten, fast ausschließlich Zivilisten, von denen drei Viertel in den deutsch, ein Viertel in den russisch besetzten Gebieten starben. In den Konzentrationslagern kamen etwa sieben Millionen Menschen um, eine halbe Million Häftlinge überlebten. Von sieben Millionen deutschen Toten waren etwa vier Millionen Soldaten.

BRD und DDR – Deutschland im »Kalten Krieg«

Eigentlich waren die Siegermächte im Juli 1945 auf ihrer Konferenz in Potsdam übereingekommen, Deutschland nicht zu zerstückeln. Dafür wollte man das Land konsequent entnazifizieren, die Rüstungsindustrie zerschlagen und auch die wirtschaftliche Kraft durch Reparationen schwächen. Doch dann kommt alles ganz anders. Während des Krieges war das Bündnis zwischen den Westmächten und der Sowjetunion noch nicht zerbrochen, wie Hitler immer wieder spekuliert hatte. Doch über die Nachkriegsordnung können sich die so unterschiedlichen Systeme nicht einigen.

Die Nachkriegsjahre

Für die deutsche Bevölkerung steht zunächst die nackte Existenzsicherung im Mittelpunkt. Die Infrastruktur ist völlig kaputt, fünf Millionen Wohnungen sind zerstört, Lebensmittel oft nur auf dem Schwarzmarkt zu bekommen. Vor allem im ersten Nachkriegswinter kommt es zu großen Versorgungsschwierigkeiten. Das Problem wird durch die vielen Flüchtlinge verschärft, die bei Familien, die noch ein Dach über dem Kopf haben, zwangseinquartiert werden.

Unterdessen haben die Alliierten das Land und Berlin in je vier Zonen aufgeteilt, können sich aber kaum auf gemeinsame Schritte einigen. Mehr und mehr werden in den jeweiligen Zonen deshalb Fakten geschaffen. Am 20. März 1948

Die »Nürnberger Prozesse« brachten erstmalig das wahre Ausmaß der NS-Verbrechen ans Licht der Öffentlichkeit

verlassen die Sowjets erbost den gemeinsamen Kontrollrat. Elf Tage später stellen die Amerikaner die Entnazifizierung ein und konzentrieren sich ganz darauf, Wirtschaft und Verwaltung in der Westzone wieder aufzubauen. Deutschland erhält 1,6 Milliarden Dollar Wirtschaftshilfe. Dazu kommen Hilfsleistungen im Wert von 1,7 Milliarden Dollar aus dem Marshallplan.

Dieses Hilfsprogramm für ganz Europa von US-Außenminister George C. Marshall soll dafür sorgen, dass nicht noch mehr Länder unter kommunistischen Einfluss kommen, aber langfristig

FÜR BESSERWISSER

CARE

Wohlfahrtsverbände aus den USA und Kanada schufen 1945 die Organisation CARE (Cooperative for American Remittances to Europe). Über sie wurden rund zehn Millionen private Pakete im Wert von fast 350 Millionen Mark nach Westdeutschland geschickt. Heute ist CARE international aktiv.

➤ Kriegsverbrecherprozesse und Entnazifizierung

Erst hatten die Alliierten darüber nachgedacht, die Verantwortlichen für Krieg und Terror standrechtlich zu erschießen. Doch dann entscheiden sie, einen Internationalen Militärgerichtshof zu installieren. Die Prozesse, die im August 1945 beginnen, führen Deutschland und der Welt zum ersten Mal das wahre Ausmaß des Nazi-Terrors vor Augen. Damit wird einer Legendenbildung wie nach dem Ersten Weltkrieg ein Riegel vorgeschoben. Am 16. Oktober enden die Prozesse mit der Hinrichtung von zehn NS-Größen.

Nicht so transparent läuft die Verfolgung der weniger prominenten Nazis. Gut 1000 werden hingerichtet, Zehntausende in ehemalige Konzentrationslager gesteckt. In der Sowjetzone kommen in Sachsenhausen und Buchenwald rund 43 000 Menschen um. Während die Russen die Entnazifizierung missbrauchen, um Klassenfeinde zu beseitigen, scheitern die Amerikaner an ihren strengen Maßstäben. Man beginnt mit leichteren Fällen, und als die Entnazifizierung im März 1948 endet, kommen viele NS-Größen aus Wirtschaft, Justiz und Beamtentum ungeschoren davon.

FÜR BESSERWISSER

Die Rosinenbomber

Vom 24. Juni 1948 bis zum 12. Mai 1949 blockieren die Sowjets alle Zufahrtswege nach Westberlin. Amerikaner und Briten versorgen die Stadt deshalb über die Luft. Mit fast 200 000 Flügen werden rund 1,5 Millionen Tonnen Hilfsgüter nach Berlin geschafft. 76 Menschen kommen dabei um. Populärster Flieger ist Gail Halvorson, der für die Kinder Süßigkeiten aus dem Cockpit seines »Rosinenbombers« wirft.

auch Europa als Handelspartner für die boomende amerikanische Wirtschaft erhalten. Doch Voraussetzung für das Gelingen ist eine stabile Währung. Da die Sowjets eine Teilnahme ablehnen, führen die Westalliierten in ihren Zonen am 20. Juni 1948 die D-Mark ein. Drei Tage später bekommt der Osten eine eigene Währung, die auch in Berlin gelten soll. Als die Westalliierten in ihren Sektoren aber die Westwährung einführen, reagiert Russland mit einer Blockade der Stadt.

Damit erscheint die Einheit für den Moment illusorisch. In Berlin erarbeitet ein Ausschuss des 1947 einberufenen Volksrates deshalb eine Verfassung für die »Deutsche Demokratische Republik«. In Bonn nimmt im September 1948 der Parlamentarische Rat die Arbeit am »Grundgesetz«, einer provisorischen Verfassung für die drei Westsektoren, auf. Am 24. Mai 1949 tritt die Westverfassung in Kraft, am 7. Oktober 1949 die des Ostens. Damit sind endgültig zwei deutsche Staaten entstanden.

Adenauer und Ulbricht

Die ersten Wahlen im Westen bringen Konrad Adenauer an die Macht, der ganz klar auf eine enge Kooperation mit den Westmächten setzt, obwohl ihm die SPD vorwirft, damit die Chance auf ein neutrales Gesamtdeutschland zu verspielen. Der starke Mann im Osten ist Walter Ulbricht, der Generalsekretär der 1946 gegründeten SED, der eine konsequente Sozialisierung des Landes im Sinne der Sowjetunion betreibt. Doch während die Westalliierten den bundesdeutschen Wiederaufbau nach Kräften fördern, bauen die Sowjets als Kriegsreparation 1000 Betriebe ab und beschlagnahmen 200 weitere. Während sich im Westen langsam das »Wirtschaftswunder« abzeichnet, leiden die Ostdeutschen unter

Von 1961 bis 1989 trennte die Berliner Mauer die Ost- von der Westhälfte der Stadt – ein für jedermann sichtbares Symbol des Kalten Krieges

großen wirtschaftlichen Schwierigkeiten und Terrormaßnahmen gegen Kritiker des Systems.

Nach Stalins Tod im März 1953 erhofft sich die Bevölkerung Verbesserungen. Sogar das Gerücht von der Ablösung Ulbrichts macht die Runde. Als stattdessen die Arbeitsnormen noch einmal erhöht werden, beginnen am 16. Juni die Bauarbeiter in Ostberlin einen Streik, der am nächsten Tag das ganze Land erfasst und mit politischen Forderungen verknüpft wird. Als die SED-Führung den Aufstand durch russische Truppen blutig niederschlagen lässt, hoffen viele auf ein Eingreifen der Westmächte. Doch die Angst vor einer Eskalation ist zu groß.

Zwar bleiben die Westmächte hart, als der neue Kremlchef Nikita Chruschtschow einen Abzug aus Berlin fordert, doch den Bau der Mauer, der am 13. August 1961 beginnt, nehmen sie hin.

Der Ost-West-Konflikt führt auch dazu, dass beide deutsche Staaten in die jeweiligen Bündnisse einbezogen werden. Am 5. Mai 1955 wird die BRD Mitglied der NATO. Gleich-

FÜR BESSERWISSER

Exodus

Seit Kriegsende waren 2,7 Millionen Menschen aus Ostdeutschland in den Westen übergesiedelt. Nachdem 1951 die Abriegelung der Grenzen begonnen hatte, blieb Berlin das Schlupfloch.

zeitig erhält sie ihre Souveränität wieder, die Adenauer im Gegenzug für die von den Deutschen ungeliebte Wiederbewaffnung forderte. Neun Tage später wird die DDR Mitglied des neu gegründeten Warschauer Paktes. Während Adenauer vor allem mit Frankreich eine Aussöhnung erreicht, macht Ulbricht die DDR zum treuesten Vasallen der Sowjetunion.

Der Dialog wird aufgenommen

Nach dem Bau der Mauer gelingt in der DDR eine wirtschaftspolitische Konsolidierung, wobei auch leichte Wettbewerbselemente wie Prämiensysteme aufgenommen werden. Bis 1970 wird die DDR zweitstärkste Wirtschaftsmacht des Ostens und Vorbild für die Nachbarstaaten. Auch gesellschaftlich beginnen sich die Menschen mit dem System zu arrangieren.

Im Westen führt dagegen eine wirtschaftliche Rezension 1966 zur Bildung einer »Großen Koalition«. Finanz- und wirtschaftspolitisch hat sie Erfolg, doch das Fehlen einer starken Opposition im Parlament fördert die »Außerparlamen-

FÜR BESSERWISSER

Nichts gelernt

Die positive Entwicklung, die Westdeutschland nach dem Zweiten Weltkrieg nimmt, bringt auch schnelles Vergessen mit sich. Bereits die erste Rezession nach dem großen Wirtschaftswunder führt Ende der sechziger Jahre wieder zu einem Erstarken des Rechtsradikalismus.

➤ Die Montanunion

Damit die Ressourcen des Ruhrgebietes nicht wieder für die Kriegsproduktion verwendet werden, wurde die Region nach dem Krieg einer internationalen Kontrollbehörde unterstellt. Während viele Deutsche das Gremium vehement ablehnen, macht Adenauer Deutschland zum Mitglied der Ruhrbehörde und entwickelt sie gemeinsam mit dem französischen Außenminister Robert Schumann zur »Europäischen Gemeinschaft für Kohle und Stahl« weiter, der auch Italien und die Beneluxländer beitreten, um ihre »Montanwirtschaft« gemeinsam zu koordinieren. Sie ist die Keimzelle der EU.

Bundeskanzler Willy Brandt war der erste, der die DDR offiziell anerkannte

tarische Opposition« (APO), die vor allem von Studenten getragen wird und viele gesellschaftliche Verkrustungen aufbricht.

Als im September 1969 im Westen eine sozialliberale Regierung unter Willy Brandt gewählt wird, hat man auch im Westen die Hoffnung aufgegeben, der Ostblock würde sich durch Druck destabilisieren lassen. Trotzdem ist der Protest groß, als Brandt in Verträgen mit der Sowjetunion, Polen und der Tschechoslowakei die bestehenden Grenzen anerkennt und einen Dialog mit der DDR beginnt. Sein Treffen mit DDR-Ministerpräsident Willi Stoph im März 1970 in Erfurt ist die erste offizielle Begegnung von Spitzenpolitikern beider deutschen Staaten seit 1947.

1972 wird nach schwierigen Verhandlungen der Grundlagenvertrag unterzeichnet, der das künftige Verhältnis zwischen beiden Staaten regelt. Danach wird die DDR von fast allen Ländern anerkannt und 1973 werden beide deutsche Staaten in die Vereinten Nationen aufgenommen. Außerdem ist der Weg frei für humanitäre Erleichterungen wie vereinfachte Besuchsregelungen oder Familienzusammenführungen.

FÜR BESSERWISSER

Außenpolitische Verrenkungen

Während die DDR kein Problem mit der Existenz von zwei deutschen Staaten hatte, hielt man in der BRD bis 1970 daran fest, das einzig »wahre« Deutschland zu sein. Zu Staaten, die die DDR anerkannten, brach man deshalb die diplomatischen Beziehungen ab. Allein Brandts Ausspruch »Auch wenn zwei Staaten in Deutschland existieren, sind sie doch füreinander nicht Ausland ...« wird von den Konservativen als »dunkle Stunde« für das deutsche Volk bezeichnet.

Gemeinsame Herausforderung – die Wiedervereinigung

Anfang der Achtzigerjahre weckt die Aufrüstung mit atomaren Mittelstreckenraketen in Europa neue Ängste vor einem Eskalieren des Ost-West-Konflikts. Sowohl in der BRD als auch in der DDR demonstrieren Hunderttausende für Frieden und Abrüstung. Statt mit einem Feind wie früher sieht man sich mit Bedrohungen wie Wettrüsten, Nutzung der Atomkraft, Umweltzerstörung und Klimaveränderung konfrontiert, die nicht an Grenzen halt machen.

Die Wende

Der Amtsantritt des neuen Generalsekretärs Michail Gorbatschow im März 1985 weckt die Hoffnung auf politische und gesellschaftliche Entspannung. Der Westen verfällt in eine regelrechte »Gorbimania«. Doch während Ungarn und Polen »Glasnost« (Transparenz) und »Perestroika« (Umgestaltung) praktizieren, verschärft die DDR-Führung 1987 ihren Kurs gegen oppositionelle Gruppen. 1989 führt die wachsende Unzufriedenheit zu einer Massenflucht in die bundesdeutschen Botschaften in Prag, Warschau, Budapest und Ostberlin. Gleichzeitig bilden sich immer mehr oppositionelle Gruppen. Im September beginnen erst in Leipzig, dann in anderen Städten, die Montagsdemonstrationen, die trotz Drohungen immer größer werden. Das in die Enge getriebene und ratlose DDR-Regime reagiert mit Zugeständnissen, die in der Nacht

FÜR BESSERWISSER

Schwerter zu Pflugscharen

Das Symbol der Friedensbewegung in der DDR, die sich vornehmlich unter dem Dach der Kirchen bildet, ist ein Aufnäher mit dem Motto »Schwerter zu Pflugscharen«. Ein Aufnäher deshalb, weil man für »textile Oberflächenveredelung« im Gegensatz zu gedruckten Symbolen keine Genehmigung brauchte. Trotzdem werden ab 1981 Kleidungsstücke von den Behörden beschlagnahmt oder die Aufnäher werden ganz einfach herausgeschnitten.

zum 9. November aus einem Missverständnis heraus zur Öffnung der Grenzen in Berlin führen.

Für viele Menschen ist damit ein Traum erfüllt, aber die Forderungen der Oppositionellen in der DDR nach grundlegenden politischen Veränderungen gehen weiter. Am 7. Dezember finden sich Vertreter der Regierung und der Oppositionsgruppen an einem »Runden Tisch« zusammen. Sie arbeiten eine neue Verfassung aus und setzen Wahlen für den März 1990 an. Nach einem Wahlkampf, der massiv von den westlichen Parteien beeinflusst wird, erreichen die Befürworter einer Wiedervereinigung eine deutliche Mehrheit.

Zum 1. Juli 1990 tritt eine Währungs-, Wirtschafts- und Sozialunion in Kraft, die mit der Einführung der D-Mark im Osten einhergeht. Dadurch wird jedoch schnell die Schwäche der DDR-Wirtschaft sichtbar. Unternehmen, die Löhne nun in Westmark auszahlen müssen, gehen reihenweise Bankrott oder benötigen Kredite aus dem Westen. Auch die DDR-Bürger selbst kaufen zum überwiegenden Teil Westwaren. Der Vereinigungsprozess wird deshalb beschleunigt. Statt der Neugründung eines gesamtdeutschen Staates wird am 3. Oktober der Beitritt der »Fünf Neuen Länder« zur Bundesrepublik vollzogen.

Ein schwieriger Prozess

Der Anschluss und die volle Übertragung des bundesdeutschen Sozialsystems auf den Osten sorgen für eine Stabilisierung der Verhältnisse, lassen aber die Staatsverschuldung explodieren. Die wirtschaftlichen Probleme dagegen werden unterschätzt. Die Industrie der DDR ist maroder als angenommen. Der Markt für Ostprodukte bricht fast völlig zusammen. Die Löhne steigen stärker als die Pro-

Der Reichstag, Sitz des Bundestags und Symbol des wiedervereinigten Deutschland

Am Abend des 9. November 1989 wurden die ersten Trabbis, die über die Bornholmer Brücke nach West-Berlin fuhren, euphorisch begrüßt

duktivität der Betriebe. Andererseits hätten niedrigere Löhne die Massenabwanderung nach Westen noch forciert.

Eine Treuhandgesellschaft soll den Verkauf der volkseigenen Betriebe übernehmen. Doch während im Osten kaum Kapital vorhanden ist, picken sich Westunternehmer die Filetstücke heraus oder nutzen ihren Kompetenzvorsprung in Sachen »Kapitalismus«, um wichtige Positionen einzunehmen. Weitere Probleme sind die Rückgabe der enteigneten Immobilien und der Umgang mit den Stasi-Akten.

Die Probleme und Enttäuschungen führen oft zu scharfen Abgrenzungen zwischen »Ossis« und »Wessis«. Auch Jugendlichen, die nicht mehr bewusst in die verschiedenen Systeme und damit verbundenen Kulturen hineingewachsen sind, wird so teilweise eine »Ost-« beziehungsweise eine »Westidentität« mitgegeben.

Zwei Herausforderungen

Die Wiedervereinigung fällt mit einer Wirtschaftskrise im Westen zusammen. Die immer stärkere Globalisierung führt auch hier zu vermehrtem Konkurrenzdruck und wachsender Arbeitslosigkeit. Nicht die neuen Bundesländer, deren Arbeitsbedingungen sich denen des Westens immer mehr annähern, sondern Billiglohnländer werden für die Investoren zunehmend attraktiver.

Auch die Investition von über 1000 Milliarden Euro Fördergeldern konnte 15 Jahre nach der Wende die Lebensverhältnisse noch nicht angleichen. Stattdessen steigen Staatsverschuldung und Arbeitslosigkeit in Ost wie West. Es zeigt sich, dass Kritiker der Globalisierung, die schon Anfang der Neunzigerjahre vor den Risiken wie der Abwanderung der Unternehmer in Billiglohnländer warnten, nicht übertrieben haben.

Kranken-, Renten- und Sozialversicherung geraten an ihre Grenzen. Zwar werden mehrere Reformen durchgeführt, doch eine wirkliche Lösung ist noch nicht gefunden, unter anderem auch deshalb, weil die verschiedenen politischen Lager sich eher blockieren, als gemeinschaftliche Anstrengungen zu unternehmen.

FÜR BESSERWISSER

Gewählt ist gewählt

Angesichts der aktuellen Probleme vergessen viele Menschen gerne, dass in den Neunzigerjahren eine Mehrheit die Globalisierung bejahte. »Grüne« und große Teile der SPD, die sich anfangs noch dagegen aussprachen, galten als »weltfremd« und kamen erst 1998 an die Regierung, nachdem sie diese Haltung aufgegeben hatten.

➤ Schwierige Verpflichtungen

Die deutsche Wiedervereinigung führt auch dazu, dass die Alliierten des Zweiten Weltkriegs im »Zwei-plus-vier-Vertrag« endgültig auf ihre Rechte als Besatzungsmächte verzichten. Doch diese uneingeschränkte außenpolitische Souveränität und die Einbindung des gesamtdeutschen Staates in die NATO bringen auch internationale Verpflichtungen mit sich, vor allem da sich seit dem Golfkrieg 1990 der Krieg wieder zusehends als Mittel der Politik etabliert. Die deutsche Beteiligung an militärischen Aktionen im Ausland – von der Entsendung von Sanitätern im Rahmen einer UN-Mission 1993 nach Kambodscha bis hin zur Beteiligung an den Kriegen in Jugoslawien 1999 und Afghanistan 2001 – führt deshalb zu heftigen Debatten, ebenso aber die Nichtbeteiligung am Krieg der USA gegen den Irak 2003.

Glossar

Ablass: kirchlicher Verkauf von Urkunden, die versprechen, die Buße für die Sünden im Jenseits zu reduzieren.

Absolutismus: Herrschaftsform, in der der Fürst in seinem Staat Gesetze geben und aufheben kann, wie er will, selbt aber nicht an sie gebunden ist.

Abstimmung per Akklamation: Wahl durch Zuruf, ohne Einzelabstimmung.

Alldeutscher Verband: Verband von radikalen Verfechtern des deutschen Imperialismus, der unter anderem die Vergrößerung der deutschen Kriegsflotte forderte und politisch der äußersten Rechten zuzurechnen war.

Allmende: Gemeindeland, das jeder nutzen darf.

Byzanz: Name für das Oströmische Reich, der manchmal auch nur für seine Hauptstadt Konstantinopel (das heutige Istanbul) verwendet wurde.

Grundherrschaft: das Recht auf Grund und Boden, den ein Lehensherr dem Lehensnehmer zur Verfügung stellt. Im Gegensatz dazu steht die Leibeigenschaft, die dem Herrn auch Rechte über den Lehensnehmer selbst gibt.

Hallstattkultur: keltisch-illyrische Kultur, die von etwa 800–480 v. Chr. zwischen Frankreich und Ungarn verbreitet ist. Der Name stammt von einem 1846 entdeckten Gräberfeld bei Hallstatt im Salzkammergut/Österreich. Charakteristisch sind die reichen Fürstengräber.

Homo sapiens: »denkender Mensch«. Der Homo sapiens lebte vor etwa 300 000 bis 40 000 Jahren und wurde abgelöst vom noch intelligenteren »Homo sapiens sapiens«, zu dem unter anderem der Cro-Magnon-Mensch und die heutigen Menschen gezählt werden.

Konzil: Versammlung katholischer Bischöfe und anderer hoher geistlicher Würdenträger, die für gewöhnlich vom Papst einberufen wird. Auf einem Konzil werden Beschlüsse für das kirchliche Leben gefasst, die nach katholischer Auffassung unfehlbar sind.

Neidingstaten: die schlimmsten Vergehen bei den Germanen wie beispielsweise Meuchelmord, Meineid und Bruch der Gastfreundschaft.

Normannen: Bezeichnung für die Wikinger, nachdem diese begonnen hatten, Reiche in der Normandie, in England und Süditalien zu bilden.
Panslawismus: Nationalismus, der eine Vereinigung aller Slawen zum Ziel hat.
Pfalz: (von lat.: palatium = Palast) Königssitz. Die Pfalzen waren im ganzen Land verstreut, weil die mittelalterlichen Könige ständig unterwegs waren, um ihr Reich effektiv regieren zu können. Eine Hauptstadt gab es zu diesen Zeiten nicht.
Propaganda: Bezeichnung für politische Werbung zur Beeinflussung der Bevölkerung. Da die Möglichkeiten hierzu mit dem Aufkommen der modernen Massenmedien stark angestiegen waren, konnte die Propaganda beispielsweise im Dritten Reich zu einem äußerst gefährlichen politischen Mittel werden.
Provinz: Bezeichnung für alle römisch besetzten Gebiete außerhalb der italienischen Halbinsel.
Räterepublik: Staatsform, in der ohne Gewaltenteilung Legislative und Exekutive in der Hand gewählter und jederzeit wieder abberufbarer Vertreter verschiedener Volksgruppen (Arbeiter, Bauern, Soldaten und so weiter) liegt.
Reichsstädte: Städte, die unmittelbar dem König unterstellt waren und sich dadurch relativ selbstständig entwickeln konnten.
Reparationen: Wiedergutmachungszahlungen für Kriegsschäden, die nach Kriegsende von einer unterlegenen Nation geleistet werden müssen.
Schisma: Gleichzeitige Regierung mehrerer Päpste, die eine Aufspaltung der katholischen Kirche zur Folge hat.
Sieben freie Künste: Grammatik, Arithmetik, Geometrie, Musik, Astronomie, Dialektik und Rhetorik.
Thing: Vollversammlung aller freien Männer, das oberste Entscheidungsgremium bei den Germanen.
Usurpator: eine Person, die sich widerrechtlich ein Amt anmaßt, zum Beispiel das eines Herrschers.
Wenden: deutsche Bezeichnung für die benachbarten Slawen im Mittelalter. Die romanischen Völker wurden Welsche genannt.
Zehnt: Allgemeine Abgabe in Höhe von zehn Prozent der Einkünfte an die Kirche.

Register

Bildquellen verzeichnis:

Deutscher Bundestag / Lichtblick, Achim Melde: 154
Digital Stock: 147
Ingram: 14, 150
twinbooks, München: 11, 16, 19, 22, 24, 26, 31, 39, 40, 43, 48, 53, 56, 58, 60, 63, 64, 66, 70, 72, 75, 77, 79, 81, 82, 84, 89, 90, 91, 92, 95, 97, 102, 104, 107, 111, 113, 115, 118, 124, 127, 129, 138, 141, 145
MEV: 61
Presse- und Informationsamt des Landes Berlin / Umbruch Bildarchiv: 155
SPD Sozialdemokratische Partei Deutschlands: 152

In dieser Reihe erschienen: